Andrea Erkert

Auf die Stühle, fertig, los!

W0082987

Andrea Erkert

Auf die Stühle, fertig, los!

Stuhlkreisspiele für Kita, Hort & Schule

Mit Illustrationen von Elisabeth Lottermoser

HERDER

FREIBURG · BASEL · WIEN

Erläuterung der Symbole:

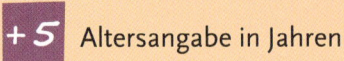 Altersangabe in Jahren

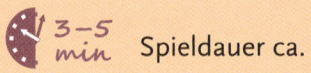 Spieldauer ca.

MIX
Paper from
responsible sources
FSC® C010798

FSC
www.fsc.org

©Verlag Herder GmbH, Freiburg im Breisgau 2014
Alle Rechte vorbehalten
www.herder.de

Umschlaggestaltung: SchwarzwaldMädel, Simonswald
Illustrationen außen und innen: Elisabeth Lottermoser, Gütersloh

Satz und Gestaltung: Arnold & Domnick, Leipzig
Herstellung: Graspo CZ, Zlín
Printed in the Czech Republic

ISBN 978-3-451-32664-6

Inhalt

Vorwort

Im Stuhlkreis spielen – voneinander und miteinander lernen

Im Stuhlkreis spielen, voneinander und miteinander lernen, das bereitet Vor- und Grundschulkindern gleichermaßen unglaublich viel Spaß.

Das liegt unter anderem daran, dass die Kinder sich im Stuhlkreis gegenseitig besonders gut beobachten, die Spielregeln leicht nachvollziehen und sich nicht zuletzt als Teil der Gruppe erleben können. Zudem bietet die Kreisform vielfältige Spielmöglichkeiten. Die Kinder können z. B. einen engen oder weiten Stuhlkreis bilden, für ein Spiel den Innen- oder Außenkreis nutzen oder gar sich in die Kreismitte stellen und den anderen voller Stolz zeigen, was sie bereits können. Auf diese Weise kommt keine Langeweile auf. Vielmehr können die Kinder sich selbst und die Gruppe immer wieder neu entdecken und erleben und dabei so ganz nebenbei vielfältige Lernerfahrungen machen, die sie für ihr (schulisches) Weiterkommen brauchen.

Aufbau des Buches

Die Stuhlkreisspiele aus diesem Buch eignen sich für Kinder im Alter von 4 bis 10 Jahren. Sie sind je nach ihrem Förderschwerpunkt den einzelnen Kapiteln zugeordnet. Unabhängig davon steht vor jedem Spiel eine Altersangabe als Orientierungshilfe und auch die benötigten Materialien sind genannt, falls welche erforderlich sind. Zudem erhält man gleich Auskunft darüber, wie lange das ausgewählte Spiel voraussichtlich dauert. Darüber hinaus findet man unter so manchem Spiel eine einfachere oder schwierigere Variante mit der jeweils entsprechenden Altersangabe. Auf diese Weise entfallen nervenaufreibende Suchaktionen nach geeigneten Stuhlkreisspielen, sodass man jederzeit und schnell etwas Passendes für die jeweilige Kindergrupe finden kann.

Mit dem vorliegenden Buch soll gezeigt werden, wie Kinder mithilfe von ruhigen und bewegungsintensiven Stuhlkreisspiele, die sich alle inhaltlich an den Bildungsanforderungen orientieren, gefordert und gefördert werden können und dadurch relevante Kompetenzen vermittelt bekommen.

Die sieben Kapitel, deren Reihenfolge zwischen den Begrüßungs- und den Verabschiedungsspielen willkürlich gewählt wurde, enthalten zahlreiche Stuhlkreisspiele

- zum Ankommen, Begrüßen und Kennenlernen,
- für die Bewegungsfreude und zur Förderung der Motorik,
- zur Förderung der Sprech-, Schreib- und Lesekompetenz,
- zur Förderung des guten Miteinanders,
- zur Vorbeugung von Rechenschwäche und für einen positiven Zugang zur Mathematik,
- zur Förderung des Rhythmusgefühls,
- zum Entspannen, Träumen und Kraft tanken,
- für die Abschlussrunde.

Bei all dem Nutzen, den die Stuhlkreisspiele mit sich bringen, stehen jedoch der Spaß und die Freude stets im Vordergrund.

In diesem Sinne wünsche ich Ihnen und den Kindern besonders viel Vergnügen mit den Stuhlkreisspielen aus diesem Buch.

Andrea Erkert

Fröhliche Begrüßungsrunde

Spiele zum Ankommen, Begrüßen und Kennenlernen

Im Stuhlkreis ankommen, sich gegenseitig begrüßen und wohl-fühlen – das wird mithilfe der nachfolgenden Spiele leicht ge-macht. Die lockere und entspannte Spielatmosphäre macht Lust auf weitere Stuhlkreisspiele.

Wo ist mein Partnerkind?

+5 5–10 min

Material: pro Kinderpaar 2 Turnsäckchen, 2 Chiffontücher, 2 kleine Bälle und weitere kleine Gegenstände in doppelter Ausführung, Handtrommel

Alle Kinder bilden einen großzügigen Stuhlkreis und bekommen von der Spielleitung jeweils einen Gegenstand, von denen jeder zweimal in der Gruppe vorhanden sein muss.

Zu jedem Trommelschlag, der durch die Spielleitung erfolgt, reichen die Kinder die Sachen von Hand zu Hand im Uhrzeigersinn herum. Hört jedoch das Trommeln auf, hält jedes Kind den Gegenstand, den es gerade in den Händen hält, gut sichtbar in die Luft. Jetzt müssen sich immer diejenigen Kinder finden, die den gleichen Gegenstand besitzen. Wurde ein Paar gebildet, begrüßen sich die beiden Kinder gegenseitig und gehen im Innenkreis spazieren, um sich etwas besser kennenzulernen. Erfolgt ein weiterer Trommelschlag, setzen sich alle Kinder wieder in den Stuhlkreis. Eine neue Spielrunde beginnt.

Nach vier bis sechs Durchgängen ist das Spiel aus.

Ruckzuck-Begrüßung

+4 3 min

Alle Kinder sitzen rittlings auf ihren Stühlen im Kreis, die Stuhllehne zeigt also nach innen und die Kinder schauen über die Stuhllehne. Die Spielleitung läuft im Außenkreis so lange links herum, bis sie vor einem Kind stehen bleibt. Sie tippt dem Kind auf die Schultern. Daraufhin steht das Kind auf und dreht den Stuhl so um, dass die Stuhllehne nach außen zeigt. Die Spielleitung begrüßt das Kind und setzt sich auf den frei gewordenen Stuhl.

Das ausgewählte Kind setzt das Spiel fort, indem es nun außen um den Stuhlkreis herumläuft und schließlich eines von den Kindern antippt, die rittlings auf ihren Stühlen sitzen, um es zu begrüßen.

Erst wenn alle Kinder bis auf eines in Richtung Kreismitte blicken, geht die Spielleitung auf das übrige Kind zu, um es zu begrüßen. Dann ist das Begrüßungsspiel beendet.

Wer kann das wohl sein?

Material: für die Hälfte der Gruppe ein Notizzettel und ein Bleistift, Säckchen, CD-Spieler, CD mit Tanzmusik

Die Hälfte der Gruppe holt sich Notizblätter und Bleistifte. Die Kinder schreiben ihr Geschlecht, ihre Haarfarbe und ein weiteres auffälliges Merkmal auf und falten die Zettel klein zusammen, die allesamt in ein Säckchen kommen. Während sie nun einen Stuhlkreis bilden, nehmen die übrigen Kinder sich jeweils einen Zettel aus dem Säckchen heraus und verteilen sich schließlich im Innenkreis. Zum Rhythmus der Musik patschen die Kinder im Stuhlkreis auf ihre Oberschenkel. Die übrigen Kinder tauschen ihre Zettel unaufhörlich miteinander aus. Stoppt die Musik schaut jedes Kind im Innenkreis auf seinen Zettel und macht sich auf die Suche nach demjenigen Kind im Stuhlkreis, auf das die Beschreibung seiner Meinung nach am besten passt. Stimmt die Vermutung, begrüßt es das betreffende Kind per Handschlag. Ansonsten setzt es die Suche einfach fort. Konnten alle Kinder im Stuhlkreis per Handschlag begrüßt werden, fängt auf die gleiche Art eine neue Spielrunde an. Nach ein paar Durchgängen ist das Spiel beendet.

Hinweis: Es empfiehlt sich, die Rollen nach jeder Spielrunde zu tauschen, sodass sich alle untereinander besser kennenlernen.

> Der Stuhlkreis bietet den Kindern zu Beginn eine neue Spielsituation, auf die sie sich innerlich erst einmal einstellen müssen. Das merkt man z. B. an der Körperhaltung und den unsicheren Blicken insbesondere von den Kindern, die einander noch fremd sind.

Wohin rollen die Bälle?

 +5 | 5 min

Material: 2 Softbälle, Handtrommel

Die Kinder kicken die beiden Bälle von ihrem Platz im Stuhlkreis aus hin und her, kreuz und quer. Dabei achten sie darauf, dass die beiden Bälle nicht außerhalb des Stuhlkreises gelangen. Erfolgt jedoch ein kräftiger Trommelschlag durch eine Spielleitung, setzen sich alle Kinder so schnell wie möglich im Schneidersitz auf ihre Stühle und beobachten gespannt, wohin die beiden Bälle rollen. Zwei Kinder, in dessen Richtung die Bälle rollen, stehen auf, begrüßen sich in der Kreismitte und stellen sich gegebenenfalls gegenseitig vor.
Wenn beide ihre Sitzplätze gewechselt haben, beginnt eine neue Spielrunde.
Das Spiel ist aus, sobald alle Kinder zumindest einmal ein Partnerkind im Innenkreis begrüßen konnten.

Wen wirst du begrüßen?

 +6 | 3–5 min

Material: CD-Spieler, CD mit Tanzmusik

Die Hälfte der Gruppe bildet mit ihren Stühlen einen großzügigen Stuhlkreis. Alle übrigen Kinder stellen sich vor jeweils einen Stuhl, auf dem bereits ein Kind sitzt.
Zum Rhythmus der Musik gehen die Kinder seitlich im Uhrzeigersinn herum. Kinder, die im Stuhlkreis sitzen, klatschen im Takt zur Melodie einfach mit. Das geht so lange, bis die Spielleitung die Pausentaste des Abspielgeräts drückt. Die Kinder bleiben nun so schnell wie möglich direkt vor jeweils einem Kind im Stuhlkreis stehen. Dann muss jedes Kind das Kind begrüßen, das gerade vor ihm sitzt. Die Partnerkinder stellen sich gegenseitig vor und tauschen dann ihre Rollen.
Eine neue Spielrunde startet, sobald die Musik wieder erklingt.
Auf diese Weise wird das Spiel noch ein paarmal wiederholt.

Ich gehe auf dich zu!

Die Kinder bilden einen Stuhlkreis und zwar so, dass zwischen zwei Stühlen eine größere Lücke bleibt.

Ein beliebiges Kind im Stuhlkreis, steht auf und geht in Richtung eines anderen Kindes. Es bleibt vor dem betreffenden Kind kurz stehen und begrüßt es laut. Dann läuft es durch die Lücke und schließlich links im Außenkreis herum. Das ausgewählte Kind geht auf ein anderes zu, um es ebenfalls zu begrüßen. Danach läuft es durch die Lücke und so schnell wie möglich dem ersten Kind hinterher. Auf diese Weise wird das Spiel immer weitergeführt, bis alle Kinder eine große Schlange bilden und im Außenkreis um den Stuhlkreis herumlaufen.

Stopp! Wer hat den Ball?

Material: Softball, Handtrommel

Ein beliebiges Kind erhält einen Ball von der Spielleitung, den es seinem linken Nachbarskind im Stuhlkreis übergibt. Dabei sagt es laut „Hallo!" Das Kind übernimmt den Ball und begrüßt auf die gleiche Weise sein linkes Nachbarskind. Das geht so lange, bis die Spielleitung einmal die Trommel schlägt. Das Kind, das gerade den Ball in den Händen hält, wird nun laut von der Gruppe mit seinem Vornamen begrüßt.

Danach macht der Ball weiter die Runde. Erst wenn alle Kinder einmal laut von ihrem rechten Nachbarskind begrüßt wurden, ist das Spiel beendet.

Variation für Kinder ab 7 Jahren: Das Spiel verläuft wie oben beschrieben, jedoch kann das Kind, das den Ball hat, den Ball entweder seinem linken oder rechten Nachbarskind überreichen. Desweitern kann es auch auf ein Kind zulaufen, diesem den Ball übergeben und sich rasch wieder auf seinen Stuhl setzen.

> Je schneller die Ballübergabe erfolgt, desto mehr Schwung kommt in das Spiel. Dabei müssen die Kinder höchst aufmerksam und konzentriert sein. Die Spielgeschwindigkeit und damit auch der Schwierigkeitsgrad eines Spiel kann von der Spielleitung mit einem Rhythmusinstrument gesteuert werden.

Wem gehört das Namensschild?

Material: Stift, und weißes Tonpapier, CD-Spieler, CD mit Tanzmusik

Vorbereitung: Die Kinder bilden zwei gleich große Gruppen. Jedes Kind aus der ersten Gruppe, faltet sein Papier in der Mitte zusammen und schreibt auf das gefaltete Papier seinen Vornamen. Die zweite Gruppe bildet einen Stuhlkreis, auf dessen Sitzflächen die erste Gruppe jeweils ein Namensschild aufstellt.

Die Kinder aus der ersten Gruppe verteilen sich im Innenkreis. Alle übrigen stehen vor jeweils einem freien Stuhl und halten sich gegenseitig an den Händen.
Zum Rhythmus der Musik klatscht die erste Gruppe in die Hände. Die zweite Gruppe tanzt nun Hand in Hand im Uhrzeigersinn herum, Gesicht zu den Kindern der ersten Gruppe, die im Innenkreis stehen. Stoppt die Musik, lassen sich die Kinder aus der zweiten Gruppe los und wenden sich den Stühlen zu, die gerade vor ihnen stehen. Die Kinder nehmen die Namensschilder und setzen sich in den Stuhlkreis. Sie halten die Namensschilder so in die Luft, dass die erste Gruppe die Vornamen gut lesen kann. Jedes Kind im Innenkreis macht sich

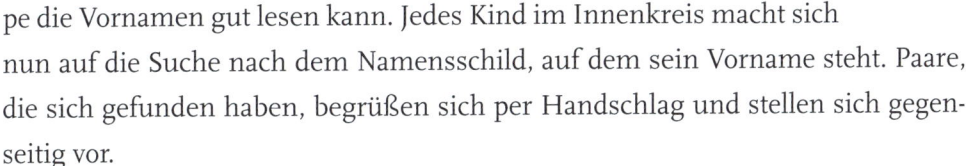

nun auf die Suche nach dem Namensschild, auf dem sein Vorname steht. Paare, die sich gefunden haben, begrüßen sich per Handschlag und stellen sich gegenseitig vor.
Miteinander starten beide Gruppen dann eine neue Spielrunde.
Nach drei bis vier Durchgängen ist das Spiel aus.

Hinweis: Es empfiehlt sich, das Spiel am besten gleich am nächsten Tag mit getauschten Rollen zu wiederholen, sodass sich alle Kinder einmal auf die Suche nach ihren aufgeschriebenen Vornamen machen können.

Topfit und gut gelaunt!

Material: CD-Spieler, CD mit Tanzmusik, Handtrommel

Die einzelnen Kinder überlegen sich eine Gymnastikübung, wie z. B. Armkreisen, Kniebeugen, Rumpfbeugen oder einfach auf der Stelle joggen, während sie im großzügigen Stuhlkreis sitzen.

Ein beliebiges Kind stellt einen Stuhl in die Kreismitte und läuft im Slalom und im Uhrzeigersinn um die einzelnen Kinder im Stuhlkreis herum. Sobald jedoch die Spielleitung einmal trommelt, bleibt es stehen und begrüßt das Kind, das ihm am nächsten sitzt. Während nun das betreffende Kind sich in die Kreismitte begibt, setzt sich das Ausgangskind auf den freien Stuhl.

Die Spielleitung schaltet die Musik ein. Zum Rhythmus der Musik macht das Kind in der Kreismitte nun eine Gymnastikübung vor, die es sich überlegt hat. Alle übrigen Kinder machen so lange mit, bis die Spielleitung die Musik wieder ausschaltet.

Eine neue Spielrunde startet, bei der nun das Kind in der Kreismitte im Slalom so lange im Uhrzeigersinn um die anderen Kinder herumläuft, bis erneut ein kräftiger Trommelschlag zu hören ist und somit ein weiteres Kind begrüßt wird. Nach ein paar Spielrunden dieser Art fühlen sich bestimmt alle Kinder rundum wohl.

Links neben mir sitzt …

Alle Kinder stellen sich direkt vor ihren Stühlen im Kreis auf. Ein beliebiges Kind begrüßt sein linkes Nachbarskind mit dessen Vornamen. Falls jedoch die Kinder einander noch fremd ist, fragt es zuerst wie das Kind heißt und begrüßt es dann mit dessen Vornamen. Während nun das Kind sich in den Stuhlkreis setzt, kommt das Kind links neben ihm an die Reihe, welches nun das Spiel mit seinem linken Nachbarkind auf die gleiche Weise weiterführt. Danach setzt das Kind sich ebenfalls in den Stuhlkreis.

Wenn alle Kinder auf ihren Stühle sitzen, ist das Spiel beendet.

Wer macht den ersten Schritt?

Material: Sitzkissen, CD-Spieler, CD mit Tanzmusik

Die Kinder bilden einen engen Stuhlkreis und stellen sich direkt vor ihren Stühlen auf. Auf einen beliebigen Stuhl legt die Spielleitung ein Sitzkissen. Die Kinder geben sich gegenseitig die Hände und wünschen sich z. B. einen „guten Morgen!" Zum Rhythmus der Musik tanzen nun alle Kinder Hand in Hand im Uhrzeigersinn herum. Stoppt die Musik, setzt sich jedes Kind rasch auf den Stuhl, der sich gerade hinter ihm befindet. Das Kind, das sich nun auf das Sitzkissen setzt, steht auf und geht auf ein anderes zu, um es per Handschlag zu begrüßen. Das ausgewählte Kind steht auf und begrüßt gemeinsam mit dem Ausgangskind jeweils ein weiteres Kind, das noch auf seinem Stuhl sitzt. Auf diese Weise geht's so lange weiter, bis die Spielleitung die Musik wieder anschaltet.
Die Kinder bilden rasch einen geschlossenen Kreis und wiederholen das Spiel. Nach drei bis vier Durchgängen ist das Spiel aus.

Hallo und los!

Alle Kinder bis auf eines sitzen im Stuhlkreis, kein Stuhl ist frei. Das Kind ohne Sitzplatz stellt sich in die Kreismitte. Während nun alle Kinder ihre Augen schließen, geht die Spielleitung leise im Außenkreis herum und tippt irgendeinem Kind auf die Schultern, das sich zunächst nicht zu erkennen geben darf. Dann stellt sie sich in die Kreismitte und bittet die Kinder wieder ihre Augen zu öffnen. Das Kind in der Mitte begrüßt nun der Reihe nach die Kinder per Handschlag so lange, bis das von der Spielleitung ausgewählte Kind an der Reihe ist. Indem es „Hallo und los!" ruft, müssen alle Kinder ihre Plätze wechseln. Das Kind ohne Platz in der Kreismitte versucht jetzt, einen Platz zu ergattern. Wer ohne Stuhl bleibt, stellt sich als nächstes in die Kreismitte.
Eine neue Spielrunde beginnt, bei der wieder alle Kinder erst einmal ihre Augen schließen. Nach ein paar Durchgängen, ist das Begrüßungsspiel aus.

Würfeln und erzählen

Material: großer Schaumstoffwürfel

Ein beliebiges Kind begrüßt die Gruppe, tritt in die Kreismitte und bekommt von der Spielleitung einen Würfel. Je nachdem, welche Punktzahl es gewürfelt hat, zählt es die entsprechende Anzahl an Kindern der Reihe nach ausgehend von seinem linken Nachbarkind im Stuhlkreis durch.

Das Kind, auf das es zuletzt deutet, hat das Wort. Es kann z. B. der Gruppe mitteilen, wie es ihm heute geht oder einfach nur, welches Stuhlkreisspiel es gerne machen möchte.

Auf die gleiche Weise setzt es dann das Würfelspiel in der Kreismitte fort.

Nach ein paar Durchgängen ist das Spiel aus. Wer jetzt noch nicht an der Reihe gewesen ist und sich auch noch äußern möchte, meldet sich und wird von der Spielleitung aufgerufen.

> Die meisten Kinder erzählen gern und frei heraus etwas über sich. Das fördert das Selbstbewusstsein ebenso wie die Sozialkompetenz und das Ausdrucksvermögen. Allzu gesprächige Kinder werden von der Spielleitung sanft zum Thema zurückgeleitet und in ihren Ausführungen gebremst. Manche Kinder brauchen länger, bis sie sich vor der Gruppen frei und ausführlich zu reden getrauen. Wenn ein Kind gar nichts sagen möchte, kann es selbstverständlich das Wort an ein Nachbarskind weitergeben.

Den Redestein bekommt ...

Material: Speckstein o. Ä, Handtrommel

Ein beliebiges Kind erhält von der Spielleitung einen Speckstein. Während nun die Spielleitung „Guten Morgen!" sagt und dabei zu jeder Silbe trommelt, reichen die Kinder den Stein von Hand zu Hand im Uhrzeigerinn herum. Das Kind, das als Letzter den Stein in den Händen hält, wird von der Gruppe begrüßt. Das betreffende Kind darf nun der Gruppe z. B. kurz ein Anliegen, einen Spielwunsch oder gar seine momentane Stimmung mitteilen. Sollte jedoch das Kind sich nicht äußern möchten, übergibt es den Stein seinem Nachbarkind, das nun das Wort erhält.
Danach fängt eine neue Spielrunde an, bei der die Spielleitung wieder „Guten Morgen!" sagt und dabei zu jeder Silbe trommelt.
Das Spiel ist aus, sobald alle Kinder die Möglichkeiten erhalten haben, sich kurz zu äußern.

Begrüßungs-Ball

Material: Softball, Handtrommel

Eines von den Kindern holt sich einen Softball und setzt sich zu den anderen in den Stuhlkreis. Das Kind wirft den Ball irgendeinem Kind zu und begrüßt es laut. Das ausgewählte Kind fängt den Ball und wirft es einem anderen zu, um es ebenfalls zu begrüßen. So geht's immer weiter, bis die Spielleitung einmal kurz trommelt. Das Kind, das den Ball jetzt in den Händen hält, darf kurz berichten, wie es ihm heute geht. Falls jedoch das Kind sich nicht äußern möchte, wirft es den Ball einfach einem anderen Kind zu, das dann das Wort erhält.
Danach startet die Gruppe eine neue Spielrunde. Das Spiel ist aus, sobald alle Kinder die Gelegenheit erhalten haben, sich kurz zu äußern.

Variation für Kinder ab 4 Jahren: Ein Kind rollt von der Kreismitte einem beliebigen Kind den Ball zu und begrüßt es laut. Das ausgewählte Kind fängt den Ball, grüßt zurück und beide tauschen ihre Plätze. Falls das Kind möchte, darf es sagen wie es ihm geht. Danach geht das Spiel von vorne los.

Aktion, Spannung, Kletterspaß

Spiele für die Bewegungsfreude und zur Förderung der Motorik

Kinder können nicht lange ruhig dasitzen und zuhören. Aus diesem Grund brauchen sie im Stuhlkreis hin und wieder eine Bewegungspause und eine vielfältige Anordnung der Stühle.

Inselbefehle

Material: Gymnastikreifen, Handtrommel

Die Spielleitung platziert auf dem Boden vor einem Stuhl den Reifen.
Zum Rhythmus des Trommelspiels, das durch ein beliebiges Kind in der Kreismitte erfolgt, laufen alle Kinder im Gänsemarsch links im Innenkreis herum. Stoppt das Trommelspiel, bleiben alle Kinder stehen. Das Kind, das jetzt auf der Insel bzw. im Reifen steht, erteilt einen Befehl, indem es z. B.: Auf die Stühle, hopp!" ruft. Ein Kind, das nach der Meinung des befehlsgebenden Kindes besonders schnell auf einem Stuhl steht, erhält die Trommel und startet von der Kreismitte aus eine Spielrunde. Nach ein paar Durchgängen ist das Spiel aus.

Weitere Befehle:
„Unter die Stühle, los!" (Alle Kinder krabbeln unter jeweils einem Stuhl.)
„Hinsetzen, schnell!" (Alle Kinder setzen sich auf jeweils einen Stuhl.)
„Hinter die Stühle, ruckzuck!" (Alle Kinder stellen sich hinter ihrem Stuhl auf.)

Suchen, finden und los!

Material: Bodenpuzzle (maximal 30 Teile), Stoppuhr oder Uhr mit Sekundenzeiger, für die Hälfte der Kinder Augenbinden

Die Kinder bilden einen Stuhlkreis und teilen sich in zwei bis drei gleich große Gruppen auf. Eine Gruppe trifft sich im Innenkreis und lässt sich von der Spielleitung die Augen verbinden. Die übrigen Kinder erhalten von der Spielleitung ein Bodenpuzzle, dessen Teile sie im Stuhlkreis verstecken. Die Kinder können die Teile z. B. hinter den Stuhlbeinen, unter den Stühlen oder gar auf die Sitzflächen legen. Auf los geht's los!
Die Kinder im Innenkreis nehmen ihre Augenbinden ab und machen sich rasch auf die Suche nach den Teilen. Die Spielleitung stoppt die Zeit, sobald alle Teile gefunden und das Bodenpuzzele fertig gemacht wurde.
Anschließend wiederholt die zweite und gegebenenfalls auch die dritte Gruppe die Puzzle-Aktion. Die Gruppe, die am Ende am schnellsten die Aufgabe erledigen konnte, hat die Puzzele-Meisterschaft gewonnen.

Links, rechts oder rittlings?

Die Kinder bilden zwei gleich große Gruppen, die jeweils einen Stuhlkreis (Stuhllehnen zur Kreismitte) möglichst nah nebeneinander bilden.

Ruft die Spielleitung „rechts herum!" müssen alle Kinder einen Platz im Uhrzeigersinn weiterrutschen. Sollte jedoch die Spielleitung „links herum!" rufen, setzen sich alle Kinder gegen den Uhrzeigersinn auf den nächten Stuhl. Dabei bleiben stets die Stühle stehen! Zudem kann die Spielleitung „rittlings!" rufen. In diesem Fall müssen sich alle Kinder rittlings auf ihre Stühle setzen und dabei in Richtung Kreismitte blicken.

Die Gruppe, die als erste komplett die Aufgabe richtig erfüllt, erhält einen Punkt. Nach ein paar Spielrunden vergleichen die Gruppen ihren Punktestand. Die Gruppe, welche die größte Anzahl an Punkten hat, ist Sieger.

Lauf los! Schnell!

Die Kinder bilden einen großzügigen Stuhlkreis. Ein von der Spielleitung bestimmtes Kind im Stuhlkreis steht auf und wählt ein weiteres Kind aus, indem es ihm im Vorbeigehen auf die Schulter tippt. Das angetippte Kind verfolgt nun das erste Kind. Dabei laufen beide im Slalom um die einzelnen Stühle so lange herum, bis das Ausgangkind entweder wieder auf seinem Platz sitzt oder von dem angetippten Kind gefangen wurde. Im letzten Fall stellt sich das erste Kind in die Kreismitte.

Das zweite Kind wählt nun durch Antippen ein anderes Kind als Verfolger aus. Im Gegensatz zu der ersten Spielrunde krabbeln nun beide Kinder im Slalom um die einzelnen Stühle im Kreis herum. Fängt das Verfolgerkind das verfolgte Kind, bevor es seinen Stuhl wieder erreicht, tauschen das Kind in der Kreismitte und das verfolgte Kind die Plätze. Unabhängig davon, tippt das Verfolgerkind einem weiteren Kind auf die Schulter und wird nun zum verfolgten Kind.

Hinweis: Die Spielleitung gibt bei jeder Verfolgung die Fortbewegungsart vor: laufen, krabbeln auf einem Bein hüpfen, rückwärtslaufen, auf Zehenspitzen gehen usw.

Hüpfsack-Alarm

 +7   5–10 min

Material: Hüpfsack, Stoppuhr oder Uhr mit Sekundenzeiger, Trillerpfeife

Die Kinder stellen einen großzügigen Kreis. Eines von ihnen holt sich einen Hüpfsack, stellt sich in die Kreismitte und steigt in den Hüpfsack.

Auf ein Kommando der Spielleitung hin laufen alle Kinder kreuz und quer im Innenkreis herum. Das Kind beginnt mit dem Sackhüpfen und versucht möglichst schnell ein Kind zu fangen. Kommt es jedoch einem Kind zu nahe, muss dieses sich so schnell wie möglich in den Stuhlkreis setzen. Es darf erst wieder mitspielen, wenn ein anderes Kind vorbei läuft und es auf die Oberschenkel mit der flachen Hand patscht.

Das Spiel ist aus, sobald die Spielleitung das Spiel nach einer Minute abpfeift oder das Kind mit dem Hüpfsack ein anderes Kind geschnappt hat. Im letzten Fall hat das Ausgangskind das Spiel gewonnen.

Unabhängig davon tauscht es mit einem anderen den Platz, das wiederum im Sack hüpfend ein Kind zu fangen versucht.

Nach ein paar Spielrunden pfeift die Spielleitung dreimal kurz hintereinander und beendet so das Spiel.

Achtung! Flut!

 +4   3 min

Material: Ocean Drum

Die Kinder gehen ganz gemütlich innen im Stuhlkreis spazieren. Allerdings nur so lange, bis die Spielleitung die Ocean Drum erklingen lässt und „Achtung! Flut!" ruft. Daraufhin müssen sich alle Kinder so schnell wie möglich einen freien Platz suchen und sich im Schneidersitz auf ihre Stühle setzen. Eines von den Kindern, dem das besonders schnell gelingt, erhält in der nächsten Spielrunde die Ocean Drum. Kommt die nächste Flut, dürfen die Kinder sich auf die Stühle stellen oder gar sich auf ihre Stuhllehne setzen.

Nach ein paar Spielrunden, ist das Spiel aus.

Wo ist mein Spiegelbild?

Material: großer Schaumstoffwürfel

Die Spielleitung wählt ein Kind aus, das sich in die Kreismitte stellt und würfelt. Passend zu der gewürfelten Augenzahl deutet es ganz nach Belieben auf die Kinder im Stuhlkreis. Das letzte Kind stellt sich z. B. auf die Sitzfläche und streckt einen Fuß in Richtung Kreismitte. Die übrigen Kinder ahmen alles nach. Das Kind schaut sich in der Runde um und wählt das Kind aus, das nach seiner Meinung die Aufgabe am besten meistert.

Das betreffende Kind tauscht mit dem Kind in der Kreismitte den Platz und eröffnet eine weitere Spielrunde, indem es würfelt. Entsprechend der gewürfelten Augenzahl deutet es nun auf die Kinder im Stuhlkreis. Das letzte Kind kann z. B. sich im Schneidersitz auf seinen Stuhl setzen oder gar seinen Stuhl mit der Stuhllehne in Richtung Kreismitte stellen und sich rittlings mit weit ausgestreckten Beinen auf seinen Stuhl setzen. Wer von den übrigen Kindern stellt ein gutes Spiegelbild dar und kann sich ebenso hinsetzen?

Das Spiel ist nach ein paar Spielrunden beendet.

Fang den Ball!

Material: 3 Softbälle, Stoppuhr oder Uhr mit Sekundenzeiger, Trillerpfeife

Drei Kinder aus der Gruppe stellen sich in die Kreismitte. Sie erhalten von der Spielleitung jeweils einen Softball und grätschen ihre Beine. Die Drei werfen die Bälle durch die grätschten Beine hindurch. Dabei fliegen die Bälle in Richtung der Gruppe, die die Bälle vom Platz aus fangen müssen.

Dann holen die drei Kinder ihre Bälle wieder und wiederholen von der Kreismitte aus das Spiel. Die Spielleitung zählt jeden Ball, der gefangen wurde, und gibt dafür einen Punkt. Sie pfeift das Spiel nach drei Minuten ab.

In der nächsten Spielrunde dürfen drei neue Kinder sich in die Kreismitte stellen. Die Gruppe versucht jetzt noch mehr Punkte zu machen.

Ein Pferd für zwei

Material: Handtrommel

Alle Kinder bis auf zwei stellen ihre Stühle im Kreis so auf, dass die Stuhllehnen in Richtung Kreismitte zeigen.

Zum Rhythmus des Trommelspiels, das durch ein Kind in der Kreismitte erfolgt, laufen alle Kinder im Außenkreis links herum. Stoppt das Trommelspiel müssen alle Kinder sich so schnell wie möglich rittlings auf einen freien Stuhl setzen, die Pferde darstellen. Das Kind, das kein Pferd findet bzw. ohne Stuhl bleibt, ruft laut: „Hallo! Wer nimmt mich mit?" Das Kind sucht sich eines von denjenigen Kindern aus, die sich melden. Es setzt sich rittlings direkt hinter das ausgewählte Kind auf dessen Stuhl.

Das ausgewählte Kind erhält für seine Hilfsbereitschaft die Trommel und startet ausgehend von der Kreismitte eine neue Spielrunde.

Was fliegt hoch?

Während die Kinder auf ihren Stühlen stehen und mit ihren Armen Flugbewegungen machen, sagt die Spielleitung z. B. laut: „ Ein Flugzeug fliegt hoch!", „Ein Schmetterling fliegt hoch!" oder gar „Ein Heißluftballon fliegt hoch!" In allen drei Fällen müssen die Kinder auf ihren Stühlen stehen bleiben und weiter mit ihren Armen die Flugbewegungen machen. Sollte es sich jedoch um eine Unwahrheit handeln, indem sie z. B. laut sagt: „Ein Schrank fliegt hoch!", müssen alle Kinder rasch auf den Boden springen und sich vor ihre Stühle hinknien. Bevor die nächste Spielrunde beginnt, dürfen die Kinder ausgehend von ihrem Stuhl auf den Stuhl links neben ihnen klettern.

Das Spiel ist aus, sobald alle Kinder wieder auf ihrem Stuhl stehen.

Hinweis: Das Spiel verläuft so ähnlich wie das altbekannte Spiel „Alle Vögel fliegen hoch!" Die Kinder stehen jedoch mit weit ausgestreckten Armen auf ihren Stühlen.

Ziel auf die Füße!

Material: viele kleine Softbälle, Stoppuhr oder Uhr mit Sekundenzeiger, Trillerpfeife

Drei bis vier Kinder holen sich viele kleine Softbälle und begeben sich in die Kreismitte eines weiten Stuhlkreises. Sie knien sich in der Kreismitte auf den Boden und schon geht's los!

Die Kinder rollen die Bälle in Richtung der Füße der Kinder im Stuhlkreis, die versuchen den Bällen auszuweichen, indem sie mit ihren Füßen seitlich ausweichen, ohne vom Stuhl aufzustehen oder mit den Füßen den Kontakt zum Boden zu verlieren. Falls jedoch der Fuß eines Kindes mit dem Ball getroffen wird, muss das betreffende Kind sich im Schneidersitz auf seinen Stuhl setzen. Nach einer Minute pfeift die Spielleitung das Spiel ab. Wie viele Kinder sitzen im Schneidersitz auf ihren Stühlen?

Die Kinder im Innenkreis sammeln die Bälle wieder ein und tauschen mit drei anderen Kind den Platz. Eine neue Spielrunde beginnt, bei der die Gruppe in der Kreismitte versucht eine größere Anzahl an Füßen mit ihren Bällen zu treffen.

Nixe, hilf uns raus!

Material: Ocean Drum o. Ä.

Alle Kinder bis auf eines, das die Nixe spielt und auf seinem Stuhl sitzt, stehen auf ihren Stühlen in einem großzügigen Kreis.

Die Spielleitung lässt die Ocean Drum erklingen und eröffnet so die Spielrunde. Kaum ist der Klang, der sich wie Meeresrauschen anhört, verklungen, springen alle Kinder von ihren Stühlen in Richtung Innenkreis und knien sich auf den Boden. Sie rufen laut: „Nixe, hilf uns raus!" Daraufhin antwortet das Kind z. B.: Wenn ihr an Land wollt, müsst ihr auf einem Bein hüpfen (rückwärts auf Zehenspitzen gehen, auf den Fersen gehen o. Ä.). Dementsprechend bewegen die Kinder sich im Innenkreis so lange, bis die Nixe bzw. das Kind „Stopp" ruft. Dasjenige Kind, das nach seiner Meinung nun besonders schnell in seiner angefangenen Bewegung verharrt und sobald sie „Los" ruft im Stuhlkreis sitzt, spielt in der nächsten Spielrunde die Nixe.

Wechselt die Höhlen, rasch!

Alle Kinder mit Ausnahme von einem, das in der Kreismitte steht, sitzen im Stuhlkreis. Je nachdem, ob das Kind „wechselt die Höhlen, rasch!", „Wechselt die Insel, rasch" oder „wechselt die Bäume, rasch!" ruft, müssen alle Kinder und somit auch das Kind in der Mitte die Plätze wechseln und dann passend dazu entweder unter die Stühle krabbeln, auf die Stühle sitzen oder gar auf die Stühle klettern.

Das Kind, das keinen freien Platz findet, wiederholt ausgehend von der Kreismitte das Spiel.

Bevor den Kindern die Puste ausgeht, beendet die Spielleitung das Spiel.

Pst! Hör genau zu!

Material: Handtrommel

Die Spielleitung flüstert irgendeinem Kind eine Anweisung ins Ohr, z. B.: „Stell dich auf den Stuhl!" Das Kind flüstert dann das, was es gehört hat, seinem linken Nachbarskind ins Ohr. Das geht so immer weiter, bis die Spielleitung einmal trommelt. Das Kind, das eben jetzt die Anweisung ins Ohr geflüstert bekommen hat, darf die Anweisung vormachen und sich z. B. auf seinen Stuhl stellt. Die Spielleitung teilt der Gruppe mit, ob das Kind die Anweisung richtig verstanden hat.

Dann flüstert die Spielleitung dem Kind, das gerade etwas vormachen durfte, eine neue Anweisung ins Ohr.

Variation für Kinder ab 4 Jahren: Ein Kind stellt sich mit seinem Stuhl in die Kreismitte und erteilt von dort aus ein Kommando im Flüsterton. Die Kinder hören genau hin und versuchen die Anweisung zu befolgen. Zur Kontrolle macht das Kind die Anweisung vor, die es geflüstert hat. Eines der Kinder, die die Anweisung richtig verstanden und umgesetzt haben, tauscht mit ihm den Platz.

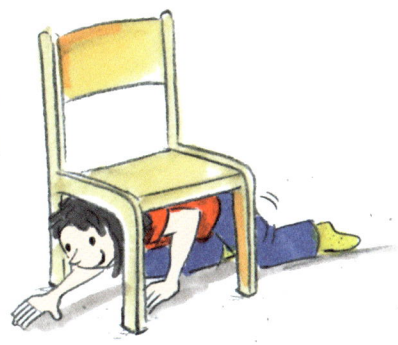

Im Kreis zuhören, reimen, erzählen

Spiele zur Förderung der Sprech-, Schreib- und Lesekompetenz

Die folgenden Stuhlkreisspiele fordern die Kinder zum Experimentieren mit ihrer Sprache heraus und wecken die Lust am Schreiben und Lesen.

Jahreszeiten-Erzählrunde

Material: Frisbee-Scheibe, Kleberolle, Schere, Filzstift, Handtrommel

Vorbereitung: Die Spielleitung schneidet zwölf gleich große Klebestreifen ab, die sie ringsherum gleichmäßig auf den Rand der Frisbee-Scheibe klebt. Auf die Klebestreifen schreibt sie der Reihe nach die Kalendermonate auf.

Die Kinder im Stuhlkreis werfen sich gegenseitig so lange die Scheibe zu, bis die Spielleitung einmal kräftig trommelt. Das Kind, das gerade die Scheibe in den Händen hält, schaut auf den Klebestreifen, den sein Daumen berührt. Es liest den Monat, der auf dem Klebestreifen steht, laut vor. Wer kennt die dazu passende Jahreszeit? Und was geschieht zu dieser Jahreszeit draußen in der Natur? Miteinander klären die Kinder die Fragen. Erst wenn alle zwölf Monate zumindest einmal besprochen wurden, ist das Spiel beendet.

Im Zoo

Material: Stoffsäckchen, pro Kind ein kleines Zootier
für die Variation: pro Kind ein kleines Bauernhoftier oder Spielzeugauto

Die Spielleitung füllt das Säckchen mit ein paar kleinen Zootieren. Ein beliebiges Kind im Stuhlkreis erhält von ihr das Säckchen und holt sich ein Tier heraus. Es beginnt nun eine Zoogeschichte zu erzählen. Wurde das Tier erwähnt, legt es das Tier in die Kreismitte. Es übergibt das Säckchen seinem linken Nachbarkind, das sich ebenfalls ein Tier aus dem Säckchen holt und die Zoogeschichte mit dem betreffenden Tier fortsetzt. Das letzte Kind in der Runde holt sich das verbliebene Tier aus dem Säckchen und beendet mit ihm die Zoogeschichte.

Variation: Anstelle einer Zoogeschichte können die Kinder z. B. eine Bauernhofgeschichte erzählen oder über ein Autorennen berichten.

Piratengeschichte

Material: 6 bis 8 Gegenstände zum Thema Piraten, z. B. Segelschiff, Augenklappe, Spielzeug-Säbel, Piratentuch, Landkarte und kleine Schatztruhe

Die Spielleitung legt alle Sachen in die Stuhlkreismitte. Die Kinder betrachten sie zunächst. Danach sucht sich eines von den Kindern einen Gegenstand aus, den die Kinder im Stuhlkreis herumreichen. Währenddessen fängt es an, eine Piratengeschichte zu erzählen, in der der ausgewählte Gegenstand vorkommt. Das Kind hört auf zu erzählen, sobald es wieder den Gegenstand in den Händen hält. Es legt den Gegenstand zurück in die Kreismitte. Das Kind, das links neben ihm sitzt, nimmt sich ebenfalls einen Gegenstand und führt die Geschichte auf die gleiche Weise fort. Die Geschichte ist beendet, sobald sich alle Kinder etwas von der Kreismitte holen und die Geschichte weitererzählen konnten.

Der, die oder das?

Material: pro Kind ein Gegenstand, wie z. B. Puppe, Teddybär, Löffel, Schuh usw., CD-Spieler, CD mit Tanzmusik

Die Kinder nehmen ihre Sachen und verteilen sich im Stuhlkreis. Zum Rhythmus der Musik tanzen sie im Innenkreis herum und tauschen so oft wie möglich ihre Sachen untereinander aus. Stoppt die Musik, bleiben alle Kinder stehen und schauen, was sie gerade in Händen halten. Die Spielleitung benennt einen Artikel, indem sie z. B. „Der ...!" ruft. Die Kinder, die z. B. einen Teddybär, einen Löffel und einen Schuh in den Händen halten, setzen oder stellen sich rasch auf einen freien Stuhl und heben ihre Sachen gut sichtbar in die Luft. Die übrigen Kinder werfen einen prüfenden Blick auf die Gegenstände. Sie legen ein Veto ein, falls sich ein Kind mit seinem Gegenstand falsch positioniert hat.
Wurden alle Gegenstände mit dem gesuchten Artikel gefunden, fängt eine neue Spielrunde an.

Luftpost

Material: Briefkuvert

Die Spielleitung überlegt sich einen Oberbegriff, z. B. Kleidung, und übergibt das Kuvert einem beliebigen Kind im Stuhlkreis, das nun passend dazu ein Wort wie z. B. „Hose" oder „Jacke" benennt. Wurde eine richtige Antwort gegeben, spielt es ein Flugzeug und bringt das Kuvert mit weit zur Seite ausgebreiteten Armen einem anderen Kind, mit dem es dann den Platz tauscht. Das betreffende Kind darf jedoch erst als Flugzeug starten, wenn es ein weiteres zum Oberbegriff passendes Wort, wie z. B. „Rock" benennen kann.

Wie oft wird wohl das „Flugzeug" landen und weiterfliegen?

Die Spielrunde ist beendet, sobald eines von den Kindern eine falsche Antwort gibt oder nichts mehr hinzufügen kann.

In der nächsten Spielrunde überlegt sich die Spielleitung einen neuen Oberbegriff, wie z. B. Obst, zudem die Kinder passend dazu möglichst viele Früchte benennen müssen. Auf diese Weise versuchen die Kinder die Anzahl der „Flugzeugstarts" zu steigern.

Was gehört dazu?

Material: Stoppuhr oder Uhr mit Sekundenzeiger

Die Kinder bilden zwei gleich große Gruppen. Jede Gruppe setzt sich in einen Stuhlkreis. Die Spielleitung zählt die Kinder aus jeder Gruppe laut durch.

Dabei merken sich die Kinder ihre Zahl, denn sobald die Spielleitung „Eins!" ruft, müssen die beiden ersten Kinder aus jeder Gruppe in die jeweilige Kreismitte treten. Die Spielleitung benennt einen Oberbegriff, wie z. B. Geschirr. Entsprechend dazu müssen die Kinder rasch einen dazu passenden Gegenstand benennen, wie z. B. Teller, Tassen oder Löffel. Das Kind, das als Erster eine Antwort kennt, verschafft seiner Gruppe einen Punkt. Danach müssen sich beide Kinder wieder auf ihre Stühle in den Kreis setzen. Denn jetzt sind die beiden nächsten Kinder mit der Zahl 2 an der Reihe.

So geht's immer weiter. Nach fünf Minuten beendet die Spielleitung das Spiel. Die Gruppe mit der größeren Anzahl an Punkten ist Sieger.

Reime einfach los!

Material: 6 bis 8 unterschiedliche Gegenstände, z. B. Dose, Ball, Plastikfisch, Plüschhund, kleine Vase, Stoffhase

für die Variation: Stoppuhr oder Uhr mit Sekundenzeiger

Die Spielleitung verteilt die Sachen in der Kreismitte. Ein beliebiges Kind nimmt sich einen Gegenstand und benennt ihn. Dann gibt es den Gegenstand seinem linken Nachbarskind, das ein passendes Reimwort finden muss. Nun übergibt es den Gegenstand wiederum seinem linken Nachbarkind, das zu dem zweiten Wort ein weiteres Reimwort finden muss, das durchaus ein Quatschwort sein kann.
So geht's immer weiter, bis das Ausgangskind wieder den Gegenstand in den Händen hält.
Es legt den Gegenstand auf seinen Platz zurück und ruft ein Kind auf, das sich etwas Neues aussucht und damit eine neue Spielrunde startet.

Variation für Kinder ab 7 Jahren: Das Spiel verläuft wie oben beschrieben, jedoch spielt die Gruppe gegen die Zeit. Wie viele Spielrunden werden sie wohl innerhalb von drei Minuten schaffen?

Was reimt sich auf …

Material: viele Postkarten, Handtrommel

Die Spielleitung bittet zwei Kinder in die Kreismitte und überreicht ihnen jeweils eine Postkarte. Die beiden Kinder verstecken die Motive auf ihren Postkarten vor den anderen Kindern. Sobald die Spielleitung einmal kräftig trommelt, laufen die beiden Kinder los, um sich jeweils ein Partnerkind im Stuhlkreis zu suchen. Sie bleiben vor ihren Partnerkindern stehen und zeigen ihnen ihre Kärtchen. Welches Partnerkind findet als Erster zu einem abgebildeten Gegenstand oder Tier ein dazu passendes Reimwort? Sofort reimen sie los! Es darf auch ein Quatschwort sein.
Dann beginnt eine weitere Spielrunde mit zwei anderen Kindern, die jeweils eine neue Postkarte von der Spielleitung erhalten.

Beispiele: Zwerg-Berg, Pinsel-Insel, Hase-Nase, Schüssel-Schlüssel, Hund-Mund, Schuh-Kuh …

Aufdecken und losreimen

Material: Postkarten, auf denen ein Gegenstand oder ein Tier abgebildet ist, Gymnastikreifen, Handtrommel

Die Spielleitung platziert einen Gymnastikreifen direkt vor den Füßen eines im Stuhlkreis sitzenden Kindes und legt verdeckt eine Postkarte hinein.

Dann stehen alle Kinder auf und laufen im Takt zum Trommelspiel der Spielleitung links im Kreis herum. Stoppt das Trommelspiel, muss das Kind, das gerade im Reifen oder direkt vor dem Reifen steht, die Postkarte aufheben und umdrehen. Es benennt, was es auf der Karte sehen kann. Die Gruppe muss nun passend dazu möglichst viele Reimwörter finden.

Wurde die Aufgabe erfüllt, legt es die Karte zur Seite und die Spielleitung legt eine neue Postkarte verdeckt in den Reifen.

Eine weitere Spielrunde beginnt, sobald das Trommelspiel wieder zu hören ist.

A, B, C und ...?

Material: Stoppuhr oder Uhr mit Sekundenzeiger

Die Spielleitung geht im Innenkreis links herum und sagt „A, B, C und ...!" Dabei deutet sie bei jeder Silbe nacheinander auf die einzelnen Kinder im Stuhlkreis.

Das Kind, auf das sie als Letztes zeigt, nennt nun einen beliebigen Buchstaben. Die Aufgabe der Kinder besteht darin, möglichst viele Wörter innerhalb einer Minute zu finden, die mit dem genannten Buchstaben beginnen. Ausgehend von dem Kind, das links neben dem Ausgangskind sitzt, dürfen nun die Kinder der Reihe nach ein dazu passendes Wort nennen.

Die Spielrunde ist beendet, sobald ein Kind kein neues Wort hinzufügen kann oder eine Minute vorüber ist.

Wortpaare

Material: pro Spielerpaar 2 Notizblätter, Stift, CD-Spieler, CD mit Tanzmusik

Vorbereitung: Immer zwei Kinder finden sich zu einem Spielerpaar zusammen und überlegen sich ein aus zwei Hauptworten zusammengesetztes Wort, z.B. Handschuh, Taschenlampe, Federball, Schuhschrank, Schneemann, Zahnbürste oder Schildkröte. Eines von beiden notiert das erste Wort und das andere das zweite Wort, das in dem Wortpaar steckt, auf seinen Notizzettel, faltet ihn zusammen und behält ihn in der Hand.

Die Kinder bilden einen Stuhlkreis. Immer eines von jedem Spielerpaar setzt sich in den Stuhlkreis, die übrigen Kinder verteilen sich im Innenkreis. Zum Rhythmus der Musik tanzen die Kinder im Innenkreis herum. Begegnen sich zwei Kinder, tauschen sie ihre Zettel miteinander aus. Alle übrigen Kinder reichen die Zettel im Takt zur Melodie links im Kreis herum. Das geht so lange, bis die Spielleitung die Musik stoppt. Alle Kinder schauen auf ihre Zettel. Die Kinder im Innenkreis machen sich nun rasch auf die Suche nach jeweils einem Kind im Stuhlkreis, das ein Wort auf seinem Zettel stehen hat, mit dem sie ein Wortpaar bilden können.

Konnte ein Kind das richtige Partnerkind finden, werden die beiden Wörter laut genannt. Die beiden Kinder tauschen ihre Plätze. Haben alle Kinder die Plätze getauscht, beginnt eine neue Spielrunde.

Hinweis: Bei diesem Spiel kann es durchaus vorkommen, dass manche Spielerpaare die gleichen zusammengesetzten Wortpaare bilden oder auch, dass neue sinnvolle Zusammensetzungen entstehen. Unabhängig davon, müssen die Kinder darauf achten, dass überall Paare gebildet werden können.

Anlaut-Ball

Material: Softball, Handtrommel

Ein beliebiges Kind holt sich einen Softball und setzt sich zu den übrigen Kindern in den Stuhlkreis. Es wirft den Ball einem anderen Kind zu und benennt einen Anlaut. Das ausgewählte Kind setzt das Spiel auf die gleiche Art fort und benennt ebenfalls einen Anlaut. So geht's es immer weiter, bis die Spielleitung einmal kräftig trommelt. Das Kind, das jetzt den Ball in den Händen hält, muss ein Wort benennen, das mit dem zuletzt genannten Anlaut beginnt.

Variation: Anstelle etwas zu benennen, das mit dem genannten Anlaut beginnt, muss das Kind ein Wort finden, das mit dem genannten Laut endet.

> Buchstaben werden wie Laute gesprochen, beim Anlautspiel sagt die Spielleitung also nicht z. B. „be" sondern „b", nicht „ka", sondern „k".

Silbenwettlauf

Zwei beliebige Kinder, die nicht zu nah beisammen sitzen, stellen sich direkt neben ihre Stühle. Die Aufgabe der Kinder besteht darin, ein paar möglichst lange Wörter zu finden.

Eines von beiden beginnt und benennt ein möglichst langes Wort, indem es z. B. „Schulhaustreppe" sagt und dabei zu jeder Silbe von Kind zu Kind links im Kreis geht. Währenddessen patschen die Kinder, die im Stuhlkreis sitzen, mit ihren Händen auf ihre Oberschenkel. Danach ist das zweite Kind an der Reihe, sich ebenfalls ein langes Wort zu überlegen und bei jeder Silbe ein Kind weiterzugehen.

So geht's immer weiter, bis eines von beiden oder gar beide Kinder wieder auf ihren Stühlen sitzen. Wer zuerst das Ziel erreicht, hat den Silbenlauf gewonnen.

Buchstabenreise

Material: die 26 Buchstaben des Alphabets aus Pappe, Holz oder Plastik, Triangel

Bis auf zwei Kinder bilden alle Kinder einen Stuhlkreis. Die Spielleitung überlegt sich einen Begriff mit drei bis vier Buchstaben, wie z. B. Eis, Ast, Auto oder Baum. Entsprechend dazu holt sie sich die Buchstaben, die sie willkürlich nach und nach im Stuhlkreis auf die Reise schickt.

Die Buchstaben wandern so lange von Hand zu Hand, bis die Spielleitung die Triangel erklingen lässt. Die Kinder im Stuhlkreis, die die Buchstaben in der Hand haben, halten sie hoch und zeigen sie den beiden Kindern in der Kreismitte. Die beiden Kinder, die in der Kreismitte stehen, schauen sich um und überlegen, wie das Wort wohl heißen kann. Das Kind, das als Erster glaubt, das gesuchte Wort zu kennen, darf zur Kontrolle die Buchstaben in der Kreismitte zu einem Wort zusammenfügen.

Wurde die Aufgabe richtig erfüllt, tauschen beide Kinder mit zwei neuen Kindern ihre Rollen. Ansonsten darf die Gruppe behilflich sein.

Weiterrücken

+ 5   5 min

Material: Stoppuhr oder Uhr mit Sekundenzeiger

Alle Kinder sitzen in einem engen Stuhlkreis. Die Spielleitung bestimmt ein Kind, das sich ein möglichst langes Wort überlegt. Während es das Wort laut nennt, patschen alle Kinder zu jeder Silbe mit den Händen auf die Oberschenkel und zählen dabei die einzelnen Silben mit. Je nachdem, wie viele Silben gezählt wurden, rutschen alle Kinder die gleiche Anzahl an Stühlen links im Kreis herum. Dann ist das nächste Kind an der Reihe, sich ein Wort mit vielen Silben auszudenken, damit alle wieder weiterrücken können.

Ziel ist, so oft wie möglich innerhalb von fünf Minuten den eigenen Sitzplatz wieder zu erreichen. Wie viele Runden wird die Gruppe wohl gemeinsam schaffen?

Sätze bilden

Die Spielleitung überlegt sich einen kurzen Satz und geht im Kreis herum. Dabei bleibt sie hin und wieder stehen, um ein paar Kindern jeweils ein bestimmtes Wort, das im Satz vorkommt, ins Ohr zu flüstern. Danach ruft sie die Kinder auf, die nun laut das Wort, das ihnen gesagt wurde, verraten. Natürlich ruft die Spielleitung die Wörter in anderer Reihenfolge auf als in dem Satz, den sie sich ausgedacht hat.

Wer von den Kindern findet als Erster den ganzen Satz heraus?

Variation für Kinder ab 8 Jahren: Die Spielleitung überlegt sich zwei kurze Sätze. Davon flüstert sie immer ein Wort einem bestimmten Kind ins Ohr. Die Spielleitung ruft die Kinder in einer beliebigen Reihenfolge auf, ihr Wort preiszugeben. Die Aufgabe der Gruppe besteht nun darin, zwei Sätze mit allen Wörtern zu bilden.

Wörter erraten

Material: Stoppuhr oder Uhr mit Sekundenzeiger

Die Kinder stellen ihre Stühle so im Kreis auf, dass die Rückenlehne in Richtung Kreismitte zeigt. Sie setzen sich rittlings auf ihre Stühle.

Die Spielleitung überlegt sich ein Wort, das aus drei bis vier Buchstaben besteht. Sie schreibt mit dem Zeigefinger immer einen Buchstaben, der in dem in dem Wort vorkommt, auf einen Rücken. Die betreffenden Kinder müssen ihren Buchstaben herausfinden.

Wurden alle Buchstaben des zu erratenden Worts aufgezeichnet und richtig erkannt, dürfen die betreffenden Kinder noch einmal der Reihe nach ihre Buchstaben laut benennen. Miteinander sollen nun alle Kinder möglichst schnell das Rätsel knacken. Hierfür erhalten sie eine Minute Zeit. Wird die Gruppe die Aufgabe meistern?

Falls ja, dürfen sie in der nächsten Spielrunde ein Wort erraten, das aus noch mehr Buchstaben besteht. Ansonsten wählt die Spielleitung ein kürzeres Wort aus.

Komm zu uns in den Kreis!

Spiele zur Förderung des guten Miteinanders

Miteinander spielen, ein Ziel erreichen oder einfach nur Spaß haben, das trägt zu einem positiven Gruppenklima bei. Die einzelnen Kinder fühlen sich der Gruppe zugehörig und bringen das, was sie können, voller Freude und Stolz in die Gemeinschaft mit ein.

Ab in den Hasenbau!

Material: Kissen

Ein beliebiges Kind holt sich ein Kissen und klemmt es zwischen seine beiden Oberschenkel. Auf ein Startkommando der Spielleitung hin hüpft das Kind von seinem Platz aus los. Es spielt einen Hasen und sucht sich irgendein Kind im Stuhlkreis, mit dem es den Platz tauscht. Es übergibt dem ausgewählten Kind sein Kissen, das nun das Kissen zwischen seine Oberschenkel klemmt. Während nun das Ausgangskind unter den Stuhl krabbelt, hüpft das zweite Kind los und sucht sich ein weiteres Kind aus, das im Stuhlkreis sitzt.

Auf diese Weise wird das Spiel so lange weitergeführt, bis alle Kinder sich unter den Stühlen befinden.

Wer steht hinter dir?

Material: für die Hälfte der Kinder Augenbinden, CD-Spieler, CD mit ruhiger Instrumentalmusik

Die Hälfte der Gruppe bildet einen Stuhlkreis und jedes Kind stellt sich im Inneren des Kreises direkt vor seinen Stuhl. Dann drehen sich alle nach links und die Spielleitung verbindet allen die Augen. Die übrigen Kinder gehen leise auf jeweils ein Kind mit Augenbinde zu. Sie stellen sich Rücken an Rücken mit ihren Partnerkindern auf der Kreisbahn auf.

Zum Rhythmus der langsamen Melodie gehen die Kinder im Uhrzeigersinn im Kreis. Jedes Kind schiebt dabei sein Partnerkind, das die Augen verbunden hat, mit dem Rücken vorsichtig an. Befinden sich alle wieder an ihrem Platz im Kreis, geben die Kinder ihren Partnerkindern mit den verbundenen Augen die Hand und helfen ihnen, auf ihren Stühlen Platz zu nehmen. Danach verteilen sie sich im Innenkreis. Auf ein Kommando der Spielleitung hin nehmen die sitzenden Kinder ihre Augenbinden ab und teilen nacheinander laut mit, welches Kind ihrer Meinung nach im wahrsten Sinne des Wortes hinter ihnen gestanden hat.

Die Kinder im Innenkreis lösen zum Schluss das Rätsel auf, indem sie sich zu ihren Partnerkindern stellen.

Es beginnt eine neue Spielrunde mit vertauschten Rollen.

Saustarke Tiere

Material: Gong

Jedes Kind denkt sich ein Tier aus und stellt sich dessen Eigenschaften und Verhaltensweisen vor. Die Spielleitung lässt den Gong erklingen und ruft zwei Kinder auf, die miteinander ihre Plätze tauschen sollen. Dabei sollen sie ihre Tiere spielen.

Alle übrigen Kinder überlegen, welche beiden Tiere gerade dargestellt werden. Ist es vielleicht ein schlauer Fuchs, ein lustiger Affe, ein zarter Schmetterling oder gar ein schneller Leopard? Die Kinder rufen laut ihre Vermutungen in die Runde.

Sitzen beide Kinder wieder im Stuhlkreis, lösen sie das Rätsel auf und berichten nacheinander der Gruppe, weshalb sie sich gerade für dieses Tier entschieden haben.

Auf diese Weise wird das Spiel so lange weitergeführt, bis alle Kinder ihre Tiere vorstellen und jeweils eine dazugehörige Fähigkeit benennen konnten. Am Schluss teilt die Spielleitung den Kindern mit, dass ihr Können für die Gruppe bedeutsam sein kann und sie ein wichtiger Teil der Gruppe sind.

Fuß-Kegel-Spaß

Material: 9 Kegel aus Kunststoff ca. 26 cm hoch, Softball, Stoppuhr oder Uhr mit Sekundenzeiger, Trillerpfeife

Die Spielleitung stellt die Kegel in der Kreismitte auf den Boden und holt einen kleinen Softball.

Dann geht's los! Die Kinder kicken den Ball vom Platz aus in Richtung Kreismitte, mit dem Ziel die Kegel umzuwerfen. Sollte jedoch der Ball außerhalb des Stuhlkreises rollen, dürfen sie ihn rasch wieder holen und vom Platz aus das Spiel weiterführen.

Das Spiel ist aus, sobald alle Kegel auf den Boden liegen oder die Spielleitung das Spiel nach drei Minuten abpfeift. Im letzten Fall wiederholen sie gleich noch einmal das Spiel mit dem Ziel, nun alle Kegel umzuwerfen.

Eine stabile Kette

Material für die Variation: Stoppuhr oder Uhr mit Sekundenzeiger, Handtrommel

Die Kinder stellen sich direkt vor ihren Stühlen auf, halten sich an den Händen und bilden einen geschlossenen Kreis, der eine stabile Kette darstellt.

Je nachdem, welches Kommando die Spielleitung erteilt, muss die Gruppe links oder rechts herum im Kreis gehen. Erfolgt jedoch das Kommando „Stuhlkreis", müssen sich alle Kinder rasch auf die Stühle setzen. Dabei dürfen sich die Kinder keinesfalls gegenseitig loslassen.

Ist die Gruppe geübt, erfolgen die Kommandos relativ kurz hintereinander, sodass Schwung ins Spiel kommt.

Das Spiel ist aus, sobald die Gruppe gut zusammen harmoniert und ein paar Kommandos gut befolgen kann.

Variation: Zu jedem Trommelschlag, der durch die Spielleitung erfolgt, rutschen alle Kinder einen Platz nach links im Kreis herum und zwar ohne, dass sie sich gegenseitig loslassen. Wie viele Runden wird die Gruppe wohl innerhalb von drei Minuten meistern?

Kommt zu uns!

Material: für die Hälfte der Kinder Augenbinden, Gong

Jedes zweite Kind im Stuhlkreis steht auf, tritt ein paar Schritte in Richtung Kreismitte und bildet mit den anderen, die dort stehen, einen geschlossenen Kreis, indem sie sich an den Händen halten. Die Spielleitung verbindet den Kindern die Augen und lässt schließlich den Gong erklingen. Die Kinder gehen nun mit geschlossenen Augen rückwärts in Richtung Stühle und lassen sich dabei allmählich los. Alle übrigen Kinder, die im Stuhlkreis sitzen, dürfen die Kinder zu sich her lotsen, indem sie im Flüsterton die Vornamen der betreffenden Kinder benennen. Wie lange wird es wohl dauern, bis alle Kinder wieder im Stuhlkreis beisammen sitzen?

In der nächsten Spielrunde tauschen beide Gruppen ihre Rollen.

Das ist meine Gruppe

Material: pro Kind eine Augenbinde

Die Kinder im Stuhlkreis verbinden sich gegenseitig die Augen. Dem letzten Kind verbindet die Spielleitung die Augen.

Sitzen alle Kinder mit verbundenen Augen da, ruft die Spielleitung ein Kind auf, das nun ein weiteres Kind aus der Gruppe benennen darf. Ruft das betreffende Kind „Hier!", nimmt es seine Augenbinde ab. Danach benennt das ausgewählte Kind ein weiteres, das sich ebenfalls zu erkennen geben muss. Erst dann darf auch dieses Kind seine Augenbinde abnehmen.

Auf diese Weise wird das Spiel immer weitergeführt, bis alle Kinder ohne Augenbinden im Stuhlkreis beisammen sitzen. Sollte jedoch ein Kind kein weiteres Kind mehr hinzufügen können, dürfen die Kinder, die bereits ohne Augenbinde dasitzen, behilflich sein, indem sie eines von den übrigen Kindern beschreiben. Die Spielleitung wählt in diesem Fall das betreffende Kind aus, indem sie sich hinter das zu beschreibende Kind stellt.

Ball fangen

Material: Softball, Stoppuhr oder Uhr mit Sekundenzeiger, Trillerpfeife

Die Kinder stehen direkt vor ihren Stühlen im Kreis. Eines von den Kindern erhält den Ball und beginnt das Spiel.

Es wirft den Ball irgendeinem Kind zu und setzt sich rasch auf seinen Stuhl. Das Kind wiederum sucht sich ein anderes Kind aus, dem es ebenfalls den Ball zuwirft und sich dann auf seinen Platz setzt. Das Spiel ist aus, sobald alle Kinder im Stuhlkreis sitzen oder die Spielleitung das Spiel nach ein bis zwei Minuten abpfeift.

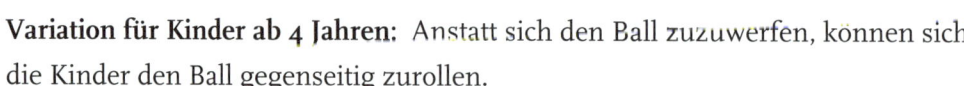

Variation für Kinder ab 4 Jahren: Anstatt sich den Ball zuzuwerfen, können sich die Kinder den Ball gegenseitig zurollen.

Ich ziehe meinen Hut

Material: Handtrommel, alter Hut

Eines von den Kindern hat einen alten Hut auf und setzt sich zu den anderen Kindern in den Stuhlkreis. Zu jedem Trommelschlag der Spielleitung bekommen die Kinder der Reihe nach von ihren rechten Nachbarskindern den Hut aufgesetzt. Sobald jedoch die Spielleitung aufhört zu trommeln, steht das Kind auf, das gerade den Hut auf den Kopf trägt. Es zieht seinen Hut vor der Gruppe und teilt dabei allen mit, was ihm gerade an dieser Gruppe besonders gut gefällt.

Ein Rucksack voller Fähigkeiten

Material: kleiner leerer Rucksack, pro Kind ein Speckstein o. Ä.

Die Spielleitung teilt die Steine aus und übergibt einem Kind den leeren Rucksack. Das betreffende Kind beginnt das Spiel.
Es überlegt sich, welche Fähigkeiten es hat, und sagt z. B.: „Ich kann gut Fahrrad fahren!" Es legt seinen Stein in den Rucksack hinein und übergibt diesen seinem linken Nachbarkind, das nun z. B. sagt:„ In unserer Gruppe kann ein Kind gut Fahrradfahren. Ich kann gut eine Geschichte vorlesen!" Daraufhin legt es seinen Stein in den Sack hinein, den es wiederum seinem linken Nachbarskind überreicht. Auf diese Weise wird das Spiel immer weitergeführt, bis alle Steine im Sack liegen. Die Spielleitung nimmt den Sack und leert ihn in der Kreismitte aus. Die Kinder werden erstaunt sein, wie viele Steine sich im Sack befinden, die allesamt eine Fähigkeit symbolisieren, die insbesondere auch für die Gruppe relevant sein können.

Hinweis: Bei diesem Spiel geht es in erster Linie darum, die eigenen Fähigkeiten und die von anderen bewusst wahrzunehmen. Sollte jedoch ein Kind nicht alle Fähigkeiten seiner Vorredner/innen aufzählen können, darf die Gruppe behilflich sein.

Ohne Füße läuft nichts

Material: Softball, Stoppuhr oder Uhr mit Sekundenzeiger

Die Spielleitung legt irgendeinem Kind einen Ball vor die Füße. Wer möchte, zieht seine Schuhe und Strümpfe aus.

Auf ein Startkommando der Spielleitung hin rollt das Kind den Ball mit seinen Füßen in Richtung seines linken Nachbarkindes. Das wiederum rollt den Ball dann zu seinem linken Nachbarkind. Auf diese Weise rollt der Ball von Fuß zu Fuß im Uhrzeigersinn herum. Wie viele Runden wird die Gruppe wohl schaffen, bevor die Spielleitung nach drei Minuten das Spiel abbricht? Sollte jedoch der Ball einem Kind unterwegs verloren gehen, fängt das Ausgangskind das Spiel von vorne an.

Ist das Spiel beendet, startet die Gruppe eine neue Spielrunde jedoch gegen den Uhrzeigersinn, mit dem Ziel noch mehr Runden in einer bestimmten Zeit zu machen.

Füße hoch!

Material: Stoppuhr oder Uhr mit Sekundenzeiger

Die Spielleitung wettet mit den Kindern, dass sie es nicht schaffen, eine viertel Minute lang in einem geschlossenen Kreis zu sitzen und dabei beide Füße in die Luft zu strecken. Auf los geht's los!

Die Kinder im Stuhlkreis geben sich gegenseitig die Hände und strecken sofort beide Füße in die Luft. Wird die Gruppe die Aufgabe gemeinsam meistern?

Falls nicht, wiederholen sie das Spiel, jedoch nur mit einem Fuß, den sie auf ein Kommando hin in die Luft strecken.

Schafft die Gruppe es auf Anhieb, die Füße eine viertel Minute in die Luft zu strecken, wird eine kleine Pause eingelegt, bevor das Spiel wiederholt wird. Dieses Mal dürfen sie dann beide Füße eine halbe Minute lang in die Luft strecken.

Schuhe, Schuhe ...

Material: Trillerpfeife, Stoppuhr oder Uhr mit Sekundenzeiger

Die Kinder ziehen jeweils einen Schuh aus. Die Schuhe werden in der Kreismitte unter den Kindern wild getauscht. Dann setzen sich alle Kinder wieder in Stuhlkreis und die Spielleitung eröffnet das Spiel mit einem Startpfiff.

Die Kinder geben die einzelnen Schuhe so schnell wie möglich von Hand zu Hand links im Kreis herum. Sobald jedoch eines von den Kindern seinen zweiten Schuh wieder in den Händen hält, stellt es diesen rasch unter seinen Stuhl.

Auf diese Weise wird das Spiel so lange weitergeführt, bis alle Kinder wieder im Besitz von ihren Paar Schuhe sind. Die Spielleitung stoppt die Zeit.

In der nächsten Spielrunde wiederholen sie das Spiel gegen den Uhrzeigersinn, mit dem Ziel, die Aufgabe noch schneller zu meistern.

Die Gruppe steht Kopf

Material: Stoppuhr oder Uhr mit Sekundenzeiger

Ein beliebiges Kind nimmt eine verrückte Sitzposition ein, indem es z. B. sich rittlings auf den Stuhl setzt und sich dann so positioniert, dass der Kopf in Richtung Fußboden zeigt. In dieser Position berührt es sein linkes Nachbarskind, das diese Stellung nachmacht und schließlich sein linkes Nachbarskind antippt. Das geht so lange weiter, bis alle Kinder so ähnlich wie das Ausgangskind dasitzen. Wie lange hat wohl die Gruppe dazu gebraucht, um diese Aufgabe zu bewältigen? Die Spielleitung stoppt die Zeit.

In der nächsten Spielrunde darf ein anderes Kind eine neue verrückte Sitzposition ausdenken, indem es z. B. auf der Sitzfläche seines Stuhls in die Hocke geht und beide Arme weit zur Seite ausstreckt oder sich einfach auf die Stuhllehne setzt und eine Hand an die Stirn hält, um sich umzusehen. Daraufhin versucht die Gruppe möglichst noch schneller alles nachzumachen.

Nach ein paar Durchgängen ist das Spiel beendet.

Kreis, Dreieck, Zahlen und Mengen

Spiele zur Förderung von mathematischen Kompetenzen

Im nachfolgenden Kapitel lernen die Kinder unterschiedliche Formen kennen und unterscheiden, sich auf vielfältige Weise mit Zahlen und Megen befassen und nicht zuletzt Rechenaufgaben lösen.

Immer eins mehr!

Material: pro Kind ein Notizblatt, schwarze dicke Filzstifte, Handtrommel

Die Spielleitung teilt die Blätter und Stifte im Stuhlkreis aus, zählt die Kinder laut durch und bittet jedes Kind, seine Zahl auf das Papier zu schreiben. Sie sammelt die Stifte wieder ein und stellt sich mit der Handtrommel in die Kreismitte. Zu jedem Trommelschlag gehen die Blätter von Kind zu Kind nach links im Kreis herum.

Das geht so lange, bis das Trommeln stoppt. Die Kinder schauen auf ihre Zahlen, die sie für alle gut sichtbar in die Luft halten. Die Aufgabe der Kinder besteht nun darin, in einer aufsteigenden Reihenfolge die Zahlen im Innenkreis auf den Boden zu legen.

Danach holt sich jedes Kind wieder sein Blatt und eine neue Spielrunde beginnt.

Vorgänger und Nachfolger

Material: viele DIN-A5 Blätter, schwarze dicke Filzstifte

Ein Kind aus der Gruppe holt sich ein weißes Blatt Papier und schreibt die Zahl Eins auf. Die übrigen Kinder mit Ausnahme von einem holen sich jeweils zwei Blätter und schreiben ausgehend von der Zahl Eins in aufsteigender Reihenfolge jeweils eine bestimmte Zahl zweimal auf ihre Blätter. Dann legen sie eines der beiden Blätter verdeckt in den Innenkreis – das andere behalten sie in der Hand – und setzen sich in den Stuhlkreis.

Das übrige Kind geht in den Innenkreis und deckt ein Blatt Papier auf, z. B. mit der Zahl Fünf. Das Kind, das den Vorgänger, hier die Zahl Vier, oder den Nachfolger, hier die Zahl Sechs, in den Händen hält, muss nun blitzschnell reagieren und seine Zahl richtig neben der aufgedeckten Zahl platzieren. Dem Kind, dem das als Erster gelingt, tauscht mit dem Ausgangskind den Platz und verdeckt wieder die Zahl.

Das Ausgangskind nimmt das Blatt des Sieger-Kindes und setzt sich in den Stuhlkreis. Das Sieger-Kind startet eine neue Spielrunde, indem es eine weitere Zahl aufdeckt, zu der Vorgänger und Nachfolger gesucht werden.

1, 2, 3! Aufgepasst!

Material: Notizzettel und Stifte, CD-Spieler und Musik-CD mit Tanzmusik, Stoppuhr oder Uhr mit Sekundenzeiger

Die Spielleitung zählt die Kinder im Stuhlkreis laut durch. Jedes Kind schreibt seine Zahl auf einen Notizzettel, den es in die Hosentasche steckt oder zusammengefaltet in der Hand hält.

Zum Rhythmus der Musik tanzen nun alle Kinder kreuz und quer im Innenkreis herum. Allerdings nur so lange, bis die Spielleitung die Pausentaste des Abspielgeräts drückt und laut „1,2, 3! Aufgepasst!" ruft. Das Kind, das die Zahl Eins hat, setzt sich nun rasch in den Stuhlkreis und bittet die Zwei herbei. Daraufhin setzt sich das Kind mit der Zahl Zwei links neben das erste Kind und ruft dann die Drei herbei. Anschließend kommt das Kind angelaufen, das die Drei auf seinem Zettel notiert hat. Das geht so immer weiter, bis alle Kinder wieder beisammen im Stuhlkreis sitzen. Die Spielleitung stoppt die Zeit.

Die Kinder starten eine neue Spielrunde, bei der dann das Kind mit der höchsten Zahl als Erster im Stuhlkreis Platz nimmt und das Kind mit der zweithöchsten Zahl zu sich bittet. Sobald jedoch das Kind mit der Zahl Eins im Stuhlkreis sitzt, stoppt die Spielleitung wieder die Zeit. Die Gruppe ist gespannt, ob sie die Aufgabe dieses Mal noch schneller meistern konnte.

Auf Formensuche

Material: Kugel, Dreiecks-Lineal, DIN-A4 Blatt, quadratisches Buch

Ein beliebiges Kind erhält z. B. eine Kugel und soll nun etwas Rundes benennen, indem es z. B. „Teller!" ruft. Es übergibt die Kugel seinem linken Nachbarskind, das die vorherige Antwort wiederholt und etwas Neues hinzufügt, indem es z. B. „Ball!" ruft.

Auf diese Weise wird das Spiel immer weitergeführt, bis ein Kind entweder nichts Neues mehr hinzufügen oder die zuvor genannten Sachen nicht wiederholen kann.

Dann beginnt eine neue Spielrunde mit einem dreieckigen Gegenstand, z. B. einem Dreiecks-Lineal.

Variation für Kinder ab 4 Jahren: Das Spiel verläuft wie oben beschrieben, jedoch braucht das Kind, das gerade an der Reihe ist, die zuvor genannten Gegenstände nicht zu wiederholen. Es genügt, wenn es einen neuen und zu der Form einen passenden Gegenstand benennt. Fällt dem Kind kein entsprechender Gegenstand dazu ein, darf sein linkes Nachbarskind gleich zwei der gesuchten Gegenstände benennen.

Wer hat mehr?

Material: mittelgroße Steine
für die Variation: Schminkstift

Die Spielleitung platziert in die Kreismitte eine Kiste mit etwa pflaumengroßen Steinen. Bis auf ein Kind, das sich in die Kreismitte begibt, dürfen die Kinder der Reihe nach auf Anweisung der Spielleitung bis zu sechs Steine aus der Kiste holen. Die Kinder legen ihre Steine direkt vor ihren Stühlen auf den Boden.

Die Spielleitung möchte nun von dem Kind in der Kreismitte wissen, wer in der Gruppe mehr als drei Steine hat. Das Kind schaut sich in der Runde um und wechselt mit einem der betreffenden Kinder den Platz.

Eine neue Spielrunde beginnt, bei der das Kind in der Kreismitte auf Anweisung der Spielleitung ein Kind ausfindig machen muss, das z. B. weniger als zwei oder genauso viele Steine wie ein bestimmtes andere Kind im Stuhlkreis hat.

Auf diese Weise wird das Spiel so lange fortgeführt, bis möglichst alle Kinder zumindest einmal in der Kreismitte stehen und von dort aus eine Aufgabe erfüllen konnten.

Variation für Kinder ab 7 Jahren: Zwei Kinder stehen in der Kreismitte. Die Spielleitung möchte nun z. B. wissen, ob sie ein Kind finden, das weniger als fünf Steine hat. Das Kind, das als Erster neben einem solchen Kind steht, hat die erste Spielrunde gewonnen und malt sich auf den Handrücken einen Schminkpunkt auf. Wer hat am Ende mehrerer Spielrunden am meisten Punkte?

Wer findet diese Form?

 +5 3 min

Material: viele geometrische Grundformen (Kreis, Dreieck, Quadrat, Rechteck) in unterschiedlichen Farben, 2 Sitzkissen, Handtrommel

Die Spielleitung verteilt im Innenkreis jede Menge geometrische Grundformen, die sich in der Größe und Farbe voneinander unterscheiden können. Auf zwei Stühle, die sich gegenüber im Kreis befinden, legt sie jeweils ein Kissen.

Zu jedem Trommelschlag, der durch die Spielleitung erfolgt, rutschen alle Kinder einen Platz nach links im Kreis herum. Stoppt jedoch das Trommeln, müssen alle Kinder auf ihren Stühlen sitzen bleiben. Sie benennt nun eine beliebige Form, indem sie z. B. sagt: „Ich suche ein gelbes kleines Dreieck!"

Daraufhin müssen die beiden Kinder, die auf den Kissen sitzen, loslaufen und möglichst schnell die gesuchte Form finden. Das Kind, das als Erster die Form findet, hat die Spielrunde gewonnen.

Es legt die Form wieder zurück und startet mit den übrigen eine neue Spielrunde, sobald die Spielleitung wieder trommelt.

Räuberei im Formenland

 +4 5–10 min

Material: Kreis, Dreieck, Quadrat und Rechteck (jeweils eine kleine und große Form), Handtrommel

Die Spielleitung legt die acht Formen in die Kreismitte und bittet die Kinder sich vor ihren Stühlen aufzustellen.

Miteinander gehen sie nun langsam im Uhrzeigersinn herum. Dabei ruft die Spielleitung zwei bis drei Kinder auf, die sobald sie einmal trommelt, sich rasch eine Form schnappen und diesen in die Hosentasche oder in der Hand verschwinden lassen dürfen.

Danach setzen sich alle Kinder in den Stuhlkreis. Die Aufgabe der übrigen Kinder besteht nun darin, die fehlenden Formen zu benennen. Wissen die Kinder auch welche Farbe und Größe die gesuchten Formen haben? Und wer von den Kindern hat welche Form geschnappt?

Zur Kontrolle legen die betreffenden Kinder wieder ihre Formen auf den Ausgangsplatz zurück.

Formen sortieren

Material: pro Kind eine geometrische Grundform, Handtrommel

Die Kinder erhalten jeweils Form und verteilen sich im Innenkreis. Erfolgt ein kräftiger Trommelschlag durch die Spielleitung, tauschen sie ihre Formen.
Nach ein paar Durchgängen, ruft die Spielleitung z. B. „Kreis". Die Kinder, die gerade einen Kreis in der Hand halten, bleiben stehen und halten ihre Form gut sichtbar in die Höhe. Alle übrigen Kinder setzen sich rasch in den Stuhlkreis.
Wurde die Aufgabe richtig erfüllt, fängt für alle Kinder im Innenkreis eine neue Spielrunde an.

Reihenmuster legen

Material: jede Menge geometrische Grundformen, Kissen, CD-Spieler, Musik-CD mit Tanzmusik

Die Spielleitung legt die Formen in den Innenkreis und die Kinder stellen sich direkt vor ihren Stühlen im Kreis auf. Die Spielleitung fängt an ein Reihenmuster zu legen, indem sie z. B. einen Kreis, zwei Dreiecke, einen Kreis und zwei Dreiecke in einer Reihe auf den Boden platziert. Danach legt sie noch ein Kissen auf einen Stuhl und schon geht's los.
Zum Rhythmus der Musik tanzen alle Kinder links im Kreis herum. Das geht so lange, bis die Spielleitung die Pausentaste des Abspielgeräts drückt. Die Kinder setzen sich rasch in den Stuhlkreis. Das Kind, das auf dem Stuhl mit dem Kissen sitzt, darf nun das Reihenmuster mit der nächsten Form fortsetzen.
Wurde die Aufgabe richtig gelöst, setzt sich das Kind auf seinen Platz. Danach rutschen alle Kinder einen Platz nach links im Kreis herum. Das Kind, das nun auf den Stuhl mit dem Kissen sitzt, setzt das Reihenmuster mit der nächsten passenden Form fort. Die Spielrunde ist beendet, sobald die für das Reihenmuster benötigten Formen aufgebraucht sind.

Wie lautet das Ergebnis?

Material: Stifte, Papierblätter

Vorbereitung: Alle Kinder mit Ausnahme von zwei schreiben jeweils eine bestimmte Zahl von 1 bis 100 auf ihr Papier.

Die Kinder bis auf die beiden setzen sich in den Stuhlkreis und halten ihr Papiere mit den Zahlen gut sichtbar in Richtung Kreismitte. Die beiden Kinder stehen in der Kreismitte.

Die Spielleitung schaut sich in der Runde um und benennt eine Rechenaufgabe, dessen Ergebnis eines von den Kindern im Stuhlkreis in den Händen hält. Die beiden Kinder in der Kreismitte rechnen im Kopf die Aufgabe aus und schauen auf die Papiere mit den Zahlen. Das Kind, das als Erster das richtige Ergebnis findet, hat die Spielrunde gewonnen.

Danach folgt eine weitere Spielrunde, bei der zwei neue Kinder von der Spielleitung eine Rechenaufgabe erhalten und das Ergebnis schließlich wieder im Stuhlkreis suchen müssen.

Erst wenn alle Kinder zumindest einmal mit einem anderen Partnerkind in der Kreismitte stehen und rechnen konnten, ist das Spiel beendet.

Welche Zahl ist gemeint?

Die Spielleitung stellt einen zusätzlichen Stuhl auf die Kreisbahn. Das Kind, das links neben dem freien Stuhl sitzt, darf den ersten Teil einer Additions-oder Minusaufgabe im Zahlenraum von 1 bis 10 benennen, indem es z. B.: „4 +...!" sagt. Das Kind, das rechts neben dem freien Stuhl sitzt, teilt ein dazu passendes Ergebnis mit, indem es z. B. „= 9!" ruft. Wer von den übrigen Kindern, kann die Additionsaufgabe durch Ergänzen lösen und weiß, dass die gesuchte Zahl in diesem Fall „5" lautet? Ein Kind, das besonders schnell die richtige Antwort kennt, wird vom Ausgangskind auf den freien Stuhl gebeten.

Das Kind, das jetzt links neben dem freien Stuhl sitzt, beginnt eine weitere Rechenaufgabe, indem es z. B. „10 - ...!" und das Kind rechts neben dem freien Stuhl z. B. „= 3!" ruft. Wer von den übrigen Kindern kann die Minusaufgabe nun besonders schnell durch Ergänzen lösen? Nach ein paar Spielrunden ist das Spiel beendet.

Kennst du den Rechenweg?

Material: 20 weiße Papierblätter, schwarze dicke Filzstifte, Schminkstift

Vorbereitung: Die Kinder schreiben auf jeweils ein Blatt Papier eine Zahl von 1 bis 20 auf. Die Blätter mit den Zahlen legen sie verdeckt in den Innenkreis.

Die Spielleitung überlegt sich mit den Zahlen eine Rechenaufgabe und teilt den Kindern das Ergebnis mit, indem es z. B. „Acht!" ruft. Die Kinder bilden zwei gleich große Gruppen und verteilen sich im Stuhlkreis.

Sie treten der Reihe nach in den Innenkreis, um jeweils ein Blatt Papier aufzudecken. Allerdings nur so lange, bis ein Kind „Stopp!" ruft und den vermuteten Lösungsweg benennt, indem es zwei der aufgedeckten Zahlen in seinem Rechenweg einbezieht und z. B. „5 + 3 = 8" oder „2 x 4 = 8" ruft.

Wurde die Aufgabe richtig gelöst, malt ihm die Spielleitung für seine Gruppe einen Schminkpunkt auf den Handrücken. Danach darf es die Blätter mit den Zahlen wieder umdrehen. Eine neue Spielrunde startet.

Nach ein paar Spielrunden zählt jede Gruppe seine aufgemalten Schminkpunkte. Die Gruppe mit der größeren Anzahl an Schminkpunkten ist Sieger!

Kopfrechnen

Material: CD-Spieler, Musik-CD

Die Kinder bilden einen Innen- und Außenkreis und zwar so, dass sich immer ein Kind im Stuhlkreis direkt gegenüber einem stehenden Kind sitzt.

Die stehenden Kinder im Innenkreis halten sich an den Händen fest, die sitzenden überlegen sich jeweils eine Rechenaufgabe, die sie gut im Kopf lösen können. Zum Rhythmus der Musik klatschen die Kinder im Stuhlkreis in die Hände. Währenddessen gehen die übrigen Kinder im Takt so lange links im Kreis herum, bis die Musik stoppt. Jedes Kind im Innenkreis stellt nun dem Kind, das vor ihm steht, eine Rechenaufgabe. Wer glaubt die Lösung zu kennen, hebt die Hand. Zur Kontrolle dürfen die einzelnen Paare ihre Rechenaufgabe vorstellen und die vermutete Lösung verraten. Nach ein paar Spielrunden tauschen die Kinder ihre Plätze, sodass jedes Kind einmal Kopfrechnen darf.

Schau auf die Punktzahl!

Material: Notizzettel, Stifte, großer Schaumstoffwürfel

Vorbereitung: Immer ein paar Kinder malen eine Anzahl von Punkten von 1 bis 6 auf ihren Zetteln auf. Eines jedoch holt sich einen großen Schaumstoffwürfel.

Bis auf ein Kind setzen sich alle Kinder in den Stuhlkreis. Das Kind, das in der Kreismitte steht, würfelt.

Entsprechend der gewürfelten Punktzahl müssen die betreffenden Kinder rasch aufstehen und die Zettel mit der
gleichen Anzahl an Punkten herzeigen. Das Kind, das als
Erstes richtig reagiert, tauscht mit dem Kind in der Mitte
den Platz. Es wiederholt das Würfelspiel, sobald alle Kinder ihre Zettel untereinander getauscht haben und wieder im Stuhlkreis sitzen.

Nach ein paar Spielrunden ist das Spiel beendet.

Variation für Kinder ab 4 Jahren: Die Spielleitung benennt eine Zahl von 1 bis 6. Danach dürfen die Kinder ihre Zettel gut sichtbar in die Luft halten, auf denen die dazu passende Punktzahl abgebildet ist. Der Reihe nach dürfen die übrigen Kinder nun so lange würfeln, bis eines von ihnen diese Punktzahl gewürfelt hat. Das betreffende Kind setzt sich zu den anderen in den Stuhlkreis und benennt nun die Zahl, die auf seinem Zettel steht.
Eine neue Spielrunde beginnt.

Trommeltanz und Stuhl-Musikstopp

Spiele zum Musikmachen und zur Förderung des Rhythmusgefühls

Miteinander singen, tanzen und musizieren bringt müde Kinder in Schwung, hält fit und macht einfach viel Freude.
Dabei werden die akustische Aufmerksamkeit, das Richtungshören, die Freude an Musik und nicht zuletzt das Raum-, Körper - und Rhythmusgefühl geschult.

Wer dirigiert das Orchester?

Material: CD-Spieler, CD mit Tanzmusik, pro Kind ein Rhythmusinstrument, z. B. Rasseln, Klanghölzer und Handtrommeln

Im Stuhlkreis steht ein Stuhl weniger als die Anzahl der Kinder. Zum Rhythmus der Musik hüpfen alle Kinder im Innenkreis herum. Stoppt die Musik, suchen sich alle Kinder so schnell wie möglich einen freien Platz. Das Kind, das keinen freien Platz findet, erhält von der Spielleitung ein Rhythmusinstrument.

In der nächsten Spielrunde stehen alle Kinder auf und das Kind mit dem Instrument sucht sich einen freien Platz. Die Spielleitung schaltet wieder die Musik ein. Während nun das Kind den Rhythmus der Melodie mit seinem Instrument vom Platz aus begleitet, tanzen alle übrigen Kinder im Takt wieder im Innenkreis herum. Das geht so lange, bis die Musik erneut stoppt. Jedes Kind, das soeben noch getanzt hat, muss sich blitzschnell in den Stuhlkreis setzen. Das Kind, das keinen freien Platz findet, erhält ebenfalls ein Rhythmusinstrument und setzt sich, sobald alle übrigen Kinder ohne Instrument sich erneut im Innenkreis verteilt haben, auf einen freien Platz im Stuhlkreis.

Auf diese Weise wird das Spiel immer weitergeführt, bis nur noch ein Kind übrig ist, das nun in der Mitte des großen Orchesters steht. Es spielt so lange den Dirigenten, bis das angefangene Musikstück beendet ist.

Ein Lied singen und darstellen

Die Kinder überlegen sich ein Lied, das allen bekannt ist, wie z. B. „Alle Vögel sind schon da". Danach bilden sie zwei bis drei Gruppen, die sich außerhalb des Stuhlkreises jeweils einen Platz zum Beraten und Üben suchen. Jede Gruppe soll das

Lied pantomimisch darstellen. Nach ein paar Minuten treffen sie sich alle wieder im Stuhlkreis.

Die erste Gruppe tritt in die Kreismitte. Während nun alle das Lied singen, macht die Gruppe die dazu passenden Bewegungen. Ist das Lied beendet, kommt die nächste Gruppe dran.

Bis zum Musikstopp

Material: pro Kind ein Rhythmusinstrument, z. B. Rassel, Handtrommel oder Klanghölzer, CD-Spieler, CD mit Tanzmusik

Die Kinder erhalten von der Spielleitung jeweils ein Rhythmusinstrument, mit denen sie dann so lange den Rhythmus der Musik begleiten, bis sie die Pausentaste des Abspielgeräts drückt. Die Kinder müssen nun sofort ihre Instrumente ruhig in den Händen halten. Die Kinder, die trotzdem noch ihre Instrumente erklingen lassen, müssen ein Pfand abgeben, z. B. einen Schuh, ein Armband oder eine Haarspange.

Danach geben alle Kinder ihren Instrumenten ihrem linken Nachbarkind, sodass jeder ein anderes Instrument in Händen hält. Eine weitere Spielrunde mit Musik beginnt.

Das Spiel ist aus, sobald alle Kinder wieder ihre ursprünglichen Instrumente in Händen halten. Danach dürfen die betreffenden Kinder ihr Pfand wieder einlösen, indem sie gemeinsam ein Lied singen. Wer möchte, kann den Rhythmus der Melodie mit seinem Instrument begleiten.

Hinweis: Sollte jedoch nur ein Kind ein Pfand abgegeben haben, singen die Spielleitung und ein paar freiwillige Kinder einfach das Lied mit.

Tanzen und trommeln

Material: CD-Spieler, CD mit Tanzmusik

Zum Rhythmus der Musik tanzen alle Kinder links im Kreis herum. Dabei fassen sie sich an die Hüften und drehen sich um die eigene Achse. Wenn die Spielleitung die Pausentaste des Abspielgeräts drückt, bleiben alle Kinder stehen und knien sich vor die Stühle, die gerade vor ihnen stehen. Erklingt erneut die Musik, patschen sie im Takt zur Melodie mit den flachen Händen so lange auf die Sitzflächen, bis die Musik wieder stoppt. Die Kinder stehen auf, fassen sich an die Hüften und wiederholen den Tanz, sobald die Musik wieder erklingt.

Das geht so immer weiter, bis die Musik beendet ist.

Wo sind alle meine Entchen?

Material: 3 Quietschentchen o. Ä.

Bis auf drei Kinder sitzen alle Kinder eng beisammen im Stuhlkreis und verstecken ihre Hände hinter dem Rücken. Die Spielleitung holt drei Quietschentchen, geht außen um den Stuhlkreis herum und übergibt sie heimlich jeweils einem Kind.

Während nun die Kinder das altbekannte Kinderlied „Alle meine Entchen" singen, reichen sie die Entchen von Hand zu Hand hinter ihrem Rücken im Uhrzeigersinn herum. Die Aufgabe der drei Kinder in der Kreismitte besteht darin, den Vorgang genau zu beobachten. Denn sobald die Kinder das Lied beendet haben, ruhen die Entchen in irgendwelchen Kinderhänden. Die drei müssen herausfinden, wo sich Entchen genau befinden. Jedes von ihnen gibt einen Tipp ab. Dabei muss sich jedes Kind für ein bestimmtes Kind im Stuhlkreis entscheiden. Wurde ein Entchen gefunden, tauschen die beiden Kinder ihre Plätze. Rät das Kind falsch, bleibt es auch bei der nächsten Spielrunde in der Kreismitte.

Stuhltanz-Musikstopp

Material: CD Player, CD mit Tanzmusik, Schminkstift

Im Stuhlkreis steht ein Stuhl weniger als die Anzahl der Kinder beträgt.

Zum Rhythmus der Musik gehen alle Kinder hintereinander links im Kreis herum. Stoppt die Musik, suchen sich alle Kinder schnell einen freien Platz. Das Kind, das keinen freien Platz findet, stellt sich in die Kreismitte. Allen übrigen Kinder malt die Spielleitung jeweils einen Schminkpunkt auf den Handrücken. Eine weitere Spielrunde mit Musik beginnt, bei der das Kind in der Kreismitte wieder mitmacht und dabei eine neue Fortbewegungsart vorgibt. Wer wird jetzt wohl nach dem nächsten Musikstopp keinen freien Stuhl mehr finden?

Nach ein paar Spielrunden schauen alle Kinder auf ihren Handrücken und zählen ihre Schminkpunkte. Die Kinder mit der größten Anzahl an aufgemalten Punkten gehören zu der Sieger-Gruppe.

Wer stampft im Takt mit?

 +6 5–10 min

Material: CD-Spieler, CD mit Tanzmusik

Alle Kinder bilden einen Stuhlkreis. Die Spielleitung bestimmt ein Kind, das sich in die Kreismitte stellt und dessen Stuhl aus dem Kreis genommen wird.

Zum Rhythmus der Musik stampft das Kind in Richtung eines anderen. Alle übrigen Kinder patschen mit ihren Händen im Takt auf ihre Oberschenkel. Das Kind bleibt vor dem ausgewählten Kind kurz stehen, das nun ebenfalls aufsteht und gemeinsam mit dem Ausgangskind zu jeweils einem weiteren sitzenden Kind im Takt stampft.

Auf diese Weise kommen immer mehr Kinder dazu, die rhythmisch im Innenkreis herumstampfen.

Wenn die Spielleitung die Pausentaste des Abspielgeräts drückt, nimmt das Spiel eine Wende. Alle Kinder, die sich jetzt im Innenkreis befinden, laufen los, um sich so schnell wie möglich einen freien Platz im Stuhlkreis zu ergattern.

Das Kind, das keinen freien Stuhl findet, beginnt nun in der Kreismitte eine neue Spielrunde, indem es z. B. im Takt zur Melodie in die Hände klatscht und dabei auf ein anderes Kind im Stuhlkreis zugeht.

Wer trommelt?

 +4 5 min

Material: Handtrommel

Die Spielleitung stellt ihren größeren Stuhl ebenfalls auf die Kreisbahn. Dafür lässt jedoch ein Kind seinen Stuhl am Tisch stehen.

Zum Rhythmus der Trommel tanzen alle Kinder im Innenkreis herum. Stoppt das Trommeln, sucht sich jedes Kind einen freien Platz. Das Kind, das auf dem besonderen Stuhl sitzt, benutzt den großen Stuhl als Trommel, indem es z. B. rhythmisch mit den flachen Händen auf die Sitzfläche patscht, mit den Fingerknöcheln gegen die Sitzlehne oder mit den Fingerspitzen unter der Sitzfläche klopft. Die übrigen Kinder machen alles sofort mit.

Sobald jedoch das Trommelspiel wieder einsetzt, fängt das Spiel von vorne an.

Wer singt und klatscht da?

+5   3 min

Material: grünes und rotes Tonpapier

Alle Kinder mit Ausnahme eines Kindes sitzen im Stuhlkreis. Das übrige Kind holt sich ein grünes und rotes Tonpapier und stellt sich in die Stuhlkreismitte. Hebt das Kind das grüne Tonpapier in die Luft, fangen alle Kinder an, gemeinsam ein Lied zu singen. Dabei klatschen sie im Takt zur Melodie in die Hände. Sobald jedoch das Kind das grüne gegen das rote Tonpapier tauscht, müssen alle Kinder sofort aufhören zu singen und zu klatschen. Eines von den Kindern, dem die Aufgabe besonders schnell gelingt, tauscht mit dem Kind in der Kreismitte den Platz. In der nächsten Spielrunde dürfen die Kinder im Stuhlkreis ein neues Lied gemeinsam singen, sobald das Kind in der Mitte das grüne Tonpapier in die Luft hebt.

Trommelrutsche

+6   5 min

Material: Handtrommel, Kissen o. Ä., CD-Spieler, CD mit Tanzmusik

Die Spielleitung platziert auf den Boden direkt vor einem Stuhl ein Kissen und holt sich eine Trommel.

Zu jedem Trommelschlag rutschen die Kinder einen Platz nach links weiter. Je schneller die Spielleitung trommelt, desto mehr Schwung kommt ins Spiel. Irgendwann hört sie jedoch auf zu trommeln und schaltet die Musik ein.

Die Kinder bleiben auf ihren Plätzen sitzen und schauen zu dem Kind, das gerade vor dem Kissen sitzt. Das betreffende Kind bewegt sich nun vom Platz aus im Takt zur Melodie, in dem es z. B. in der Luft boxt, auf den Boden stampft oder gar mit den Armen Flugbewegungen macht. Die übrigen Kinder machen so lange alles nach, bis die Spielleitung wieder anfängt zu trommeln. Die Kinder rutschen erneut von einem Platz zum anderen im Uhrzeigersinn weiter.

Im Takt zur Melodie

Material: Notizblätter, Stifte, CD-Spieler, CD mit Tanzmusik

Vorbereitung: Die Kinder probieren zunächst ein paar körpereigene Geräusche aus. Jeweils drei bis vier Kinder schreiben das Gleiche auf, wie z. B. stampfen, mit den Fingern schnippen, klatschen, auf die Oberschenkel patschen oder mit der Zunge schnalzen.

Die Kinder drehen ihre Zettel um und setzen sich in den Stuhlkreis. Zum Rhythmus der Musik wandern alle Zettel dann von Hand zu Hand im Uhrzeigersinn herum. Stoppt die Musik, dreht jedes Kind dem Zettel, den er gerade in der Hand hält. Zum Rhythmus der erneut erklingenden Musik muss jedes Kind passend dazu vom Platz aus z. B. mit den Füßen auf den Boden stampfen oder mit der Zunge schnalzen, je nachdem, was auf dem Zettel stand.
Stoppt die Musik erneut, beginnt eine neue Spielrunde, bei der die Zettel gleich wieder im Takt zur Melodie von Hand zu Hand herumgereicht werden.

Ein Lied summen und erraten

Material: Notizblätter, Stift

Vorbereitung: Die Spielleitung schreibt auf ein paar Notizblätter je einen Liedtitel, dessen Melodie allen bekannt sein sollte. Das kann ein klassisches Kinderlied, aber auch ein Volkslied oder gar ein Popsong sein.

Drei bis vier Kinder stellen sich in die Kreismitte und bekommen von der Spielleitung heimlich einen Zettel, auf dem ein Liedtitel steht, gezeigt.
Miteinander summen sie die Melodie laut vor und klatschen dabei im Takt zur Melodie in die Hände. Wer von den übrigen Kindern glaubt, das Lied anhand der Melodie zu erkennen, summt am besten gleich mit und patscht dabei im Takt auf die Oberschenkeln. Am Ende geben die Kinder im Stuhlkreis einen Tipp ab. Die Spielleitung löst das Rätsel auf. Die Kinder in der Kreismitte tauschen ihren Platz mit jeweils einem anderen Kind im Stuhlkreis. Eine weitere Spielrunde mit einem neuen Lied startet auf die gleiche Weise.

Wer summt denn da eine Melodie?

Material: pro Kind eine Augenbinde

Die Kinder verbinden sich im Stuhlkreis gegenseitig die Augen. Danach geht die Spielleitung möglichst leise im Außenkreis herum. Irgendwann jedoch tippt sie einem Kind auf die Schultern und setzt sich schließlich zu den Kindern in den Stuhlkreis. Die Spielleitung fragt: „Wer summt denn da eine Melodie?" Jetzt fängt das ausgewählte Kind an, die Melodie eines ihm bekannten Lieds zu summen. Die Spielleitung bedankt sich für die Kostprobe und sofort hört das Kind mit dem Summen auf.

Wer weiß, wie das Kind heißt, das soeben eine Melodie gesummt hat? Die Kinder raten munter los. Die Spielleitung bittet dann alle Kinder ihre Augenbinden abzunehmen. Das gesuchte Kind stellt sich in die Kreismitte und summt noch einmal die Melodie vor.

Sitzt das Kind wieder auf seinen Platz, verbinden sich alle Kinder wieder gegenseitig ihre Augen und sind gespannt, wer von ihnen nun von der Spielleitung ausgewählt wird, um die Melodie eines Liedes vielleicht sogar laut zu pfeifen.

Welche Musikanten sind jetzt dran?

Material: pro Kind ein Rhythmusinstrument, z.B. Rassel, Klanghölzer oder Handtrommel

Die Kinder holen sich jeweils ein Rhythmusinstrument. Alle Kinder bis auf drei setzen sich in den Stuhlkreis.

Die drei Kinder stellen sich in die Kreismitte und singen gemeinsam mit den übrigen Kindern ein Lied. Zum Rhythmus der Melodie gehen die drei auf jeweils ein Kind im Stuhlkreis zu, um mit diesem den Platz zu tauschen. Dabei begleiten sie den Rhythmus der Melodie mit ihren Instrumenten. Konnte ein Kind mit einem anderen den Platz wechseln, begleitet es weiter den Rhythmus der Melodie mit seinem Instrument. Das ausgewählte Kind sucht sich auf die gleiche Art dann ein neues Kind aus.

Das Spiel ist aus, sobald alle Kinder beisammen im Stuhlkreis sitzen und den Rhythmus der Melodie mit ihren Instrumenten begleiten.

Klanggeschichte rund um Waldtiere

Die Kinder sitzen mit der Spielleitung im Stuhlkreis und überlegen sich, welche Tiere sie während eines Waldspaziergangs vielleicht entdecken und hören können.

Die Spielleitung beginnt die Waldgeschichte, indem sie z. B. sagt: „Heute ist ein schöner Tag. Der Himmel ist blau und die Sonne scheint. Ich mache einen Waldspaziergang und entdecke einen Specht."

Während nun die Spielleitung rhythmisch mit der Faust gegen die Sitzfläche klopft, machen alle Kinder sofort mit. Das geht so lange, bis die Spielleitung ihr linkes Nachbarskind auf die Schultern tippt. Das betreffende Kind erzählt die Geschichte weiter und sagt z. B.: „Ich gehe weiter und entdecke eine kleine Schnecke am Wegesrand!"

Das Kind reibt mit den Fingerspitzen kreisförmig unter seiner Sitzfläche. Die übrigen Kinder machen alles wieder so lange mit, bis das Kind sein linkes Nachbarkind auf die Schulter tippt, das dann die Geschichte mit einem neuen Tier fortsetzt.

Erst wenn alle Kinder an der Reihe gewesen sind, beendet die Spielleitung den Waldspaziergang und sagt: „Jetzt wird es allmählich Zeit, den Waldspaziergang zu beendet. Ich verlasse den Wald und nehme all die schönen Erlebnisse mit nach Hause." Dabei stampft sie gemeinsam mit der Gruppe rhythmisch auf den Boden.

Rundum erholt und nachhaltig entspannt

Spiele zum Entspannen, Träumen und Kraft tanken

Die in diesem Kapitel vorgestellten Spiele laden zum Entspannen, Träumen und Krafttanken ein. Sie machen müde Kinder wieder munter, fördern die Fantasie und steigern das allgemeine Wohlbefinden.

Wohltuende Morgensonne

Material: Triangel

Die Kinder knien sich vor ihre Stühlen im Kreis, verschränken ihre Arme auf der Sitzfläche und legen den Kopf darauf. Die Kinder atmen tief durch und entspannen sich in dieser bequemen Haltung.

Nach ein paar Minuten lässt die Spielleitung die Triangel über dem Kopf eines Kindes erklingen. Hört das betreffende Kind den Klang, der die Sonnenstrahlen darstellt, öffnet es die Augen. Es macht zwei Fäuste, reckt und streckt sich ausgiebig und steht langsam auf. Es nimmt die Triangel und setzt das Spiel mit seinem linken Nachbarskind fort. Wurde das Kind auf die gleiche Art geweckt, setzt sich das erste Kind auf seinen Stuhl. So wird das Spiel reihum weitergeführt, bis alle Kinder wieder beisammen im Stuhlkreis sitzen.

Warme Klänge

Material: 3 Klangschalen

Die Spielleitung stellt drei Kindern, die nicht zu nah beisammen sitzen, jeweils eine Klangschale direkt vor die Füße.

Während nun alle übrigen Kinder die Augen schließen, deutet die Spielleitung auf eines der drei Kinder, das nun seine Klangschale erklingen lässt. Ist der Klang verklungen, deutet sie auf eines der übrigen beiden Kinder, das dann seine Klangschale anschlägt. Ist nichts mehr zu hören, kommt das dritte Kind an die Reihe, das nun seine Klangschale erklingen lässt.

Erst wenn auch dieser Klang verklungen ist, öffnen die übrigen Kinder ihre Augen. Die Gruppe rutscht einen Platz im Uhrzeigersinn herum.

Eine neue Spielrunde beginnt, mit den drei Kinder, die nun vor direkt vor der Klangschale sitzen.

Das Spiel ist aus, sobald alle Kinder einmal eine Klangschale anschlagen konnten.

Schulsachen-Mandala

Material: pro Kind ein Mäppchen mit Schreibsachen, Globus, Klangschale

Die Kinder holen ihre Schulmäppchen und setzen sich in den Kreis, in dessen Mitte die Spielleitung einen Globus platziert.

Ein Kind beginnt, holt sich aus seinem Mäppchen z. B. einen Stift, den es neben dem Globus platziert. Sitzt das Kind wieder auf seinem Platz, setzt das Kind links daneben den angefangen Ring mit einem Stift aus seinem Mäppchen fort.

Konnten alle Kinder jeweils einen Stift um den Globus legen, darf das Ausgangskind den zweiten Ring auf die gleiche Art z. B. mit seinem Radiergummi, Lineal oder Füllhalter beginnen.

Nach vier bis fünf Ringen stehen die Kinder auf und geben sich gegenseitig die Hände. Miteinander gehen sie um das Mandala herum und bleiben, sobald die Spielleitung die Klangschale anschlägt, stehen. Sie schließen ihre Augen, um zu überprüfen, ob sie das Mandala vor ihrem inneren Auge sehen können.

Stehen alle wieder auf ihrem Ausgangsplatz, ist die Reise um das Mandala beendet.

> Mandala stammt aus dem Sanskrit und bedeutet Kreis, in dem Symbole, Figuren und andere Dinge angeordnet sind und sich um einen Mittelpunkt gruppieren.

Traumlandschaften

Material: helles Leintuch, jede Menge unterschiedliche Naturmaterialien, z. B. Zapfen, Muscheln, Blumen und Moos, Klangschale

Die Spielleitung platziert auf das Leintuch jede Menge Naturmaterialien. Die Kinder holen sich der Reihe nach jeweils ein Naturmaterial.

Erklingt die Klangschale, darf jedes Kind seine Augen schließen und sich passend zu seinem Naturmaterial ein Landschaftsbild vorstellen. Das kann z. B. ein Waldstück, eine Berglandschaft oder gar ein Strand sein, den sie mit ihrem letzten Badeurlaub verbinden.

Nach ein bis zwei Minuten lässt die Spielleitung erneut die Klangschale erklingen. Die Kinder öffnen ihre Augen, ballen die Hände zu Fäusten, recken und strecken sich ausgiebig und stehen, falls sie es möchten, langsam auf.

Am Ende setzen sie sich wieder in den Stuhlkreis. Wer mag, darf der Gruppe sein Naturmaterial zeigen und das dazugehörige Landschaftsbild kurz beschreiben.

Variation für Kinder ab 6 Jahren: Die Spielleitung holt sich ein paar Naturmaterialien, setzt sich zu den Kindern in den Stuhlkreis und beschreibt dann ein zu den ausgewählten Naturmaterialien passendes Landschaftsbild in den schönsten Farben. Während sie erzählt, übergibt sie von Zeit zu Zeit einen ihrer Naturgegenstände ihrem linken Nachbarkind. Die einzelnen Sachen wandern dann so lange von Hand zu Hand im Kreis herum, bis sie bei ihrem rechten Nachbarkind angekommen sind. Das betreffende Kind legt die Sachen dann in die Kreismitte, sodass diese am Ende noch einmal alle in aller Ruhe betrachten können. Wer möchte, schließt ihn und wieder seine Augen, um sich so dann ganz intensiv an das beschriebene Landschaftsbild zu erinnern.

Ruhiger Tanz mit Tüchern

Material: Chiffontücher, CD-Spieler, CD mit ruhiger Instrumentalmusik

Jedes Kind holt sich ein Chiffontuch und stellt sich vor seinen Platz in einem großzügigen Stuhlkreis auf. Zum langsamen Rhythmus der Musik tanzen alle Kinder mit ihren Tüchern vom Platz aus und machen dabei fließende Bewegungen, indem sie z. B. ihre Tücher langsam hin und herschwingen, auf und ab bewegen oder sich einfach mit ihren Tüchern um die eigene Achse drehen.

Ist das Musikstück beendet, bleiben alle Kinder stehen. Nun beginnt der ruhige Tanz, jedoch ohne Musik.

Zum Rhythmus der imaginären Musik macht nun ein Kind langsame fließende Bewegungen mit seinem Tuch vor, welche alle übrigen Kinder nachahmen. Das geht so lange, bis das Kind sein linkes Nachbarkind antippt, welches dann die Tanzführung mit seinem Tuch übernimmt.

Erst wenn das Ausgangskind wieder an der Reihe ist, beendet die Gruppe den ruhigen Tanz ohne Musik.

Stell dir die schöne Landschaft vor +8

Material: 2 bis 3 Kalenderblätter mit Landschaftsbildern, Klangschale

Die Spielleitung überreicht einem Kind ein großes Landschaftsbild, auf dem z. B. Strand und Meer oder die Berge zu sehen sind.

Die Kinder reichen das Bild einmal im Kreis herum. Konnte jedes Kind das Landschaftsbild sehen, reichen sie das Bild noch einmal so lange im Kreis herum, bis die Spielleitung die Klangschale erklingen lässt. Das Kind, das gerade das Bild in den Händen hält, darf nun das Bild beschreiben, sobald der Klang verklungen ist. Die Kinder dürfen mit geschlossenen Augen den Worten des Kindes lauschen, das das Landschaftsbild so farbenfroh wie möglich beschreibt. Danach schlägt die Spielleitung erneut die Klangschale an. Ist der Klang verklungen, öffnen sie ihre Augen und ballen ihre Hände zu Fäusten. Sie recken und strecken sich ausgiebig und stehen, falls sie es möchten, auf. Am Schluss zeigt die Spielleitung den Kindern noch einmal das schöne Landschaftsbild.

Es folgt ein zweiter Durchgang, bei der erst einmal ein weiteres schönes Landschaftsbild von Hand zu Hand im Uhrzeigersinn herumgereicht wird.

Hinweis: Mithilfe des folgenden Entspannungsangebots wird den Kindern gezeigt, wie entspannt und erholsam eine schöne Landschaft sein kann.

Aus diesem Grund sollte man so oft wie möglich mit den Kindern in der freien Natur verweilen.

> Indem man Entspannungsangebote kontinuirlich durchführt, können die Kinder jedes Mal erneut entscheiden, was sie als besonders wohltuend empfinden. Auf diese Weise erkennen sie, dass sie stets eine Auswahl an Möglichkeiten haben, sich zu entspannen.

Meeresmuscheln-Mandala

 +5 10–15 min

Material: weißes oder beigefarbenes Leintuch, Sand, große Schale Wasser, jede Menge Muscheln, CD-Spieler, CD mit Instrumentalmusik zum Entspannen, am besten mit Meeresrauschen untermalt

Die Spielleitung breitet in der Kreismitte ein Leintuch aus, in dessen Mitte sie eine große Schale mit Wasser platziert. In die Nähe des Leintuch legt sie jede Menge Muscheln.

Die Kinder im Stuhlkreis holen sich der Reihe nach jeweils eine Muschel, mit denen sie einen Ring um die Schale bilden. Ist jedes Kind an der Reihe gewesen, legen sie um den ersten einen weiteren Ring aus Muscheln. Auf diese Weise entstehen noch vier bis sechs weitere Ringe.

Ist das Mandala fertig, machen die Kinder es sich so richtig bequem auf ihren Stühlen. Sie stellen sich vor, dass sie in einem Strandkorb sitzen, sich entspannen und von der Sonne verwöhnen lassen. Sie schließen ihre Augen und träumen vor sich hin. Dabei lässt die Spielleitung die Entspannungsmusik leise im Hintergrund laufen.

Ist die Musikentspannung beendet, öffnen alle Kinder wieder ihre Augen, ballen ihre Hände zu Fäusten, recken und strecken sich ausgiebig.

Masseurmeister/in

 +5 5 min

Material: pro Kind ein Igelball, Massagerolle

Alle Kinder bis auf eines erhalten von der Spielleitung jeweils einen Igelball. Das übrige Kind bekommt eine Massagerolle und spielt den Masseurmeister oder die Masseurmeistern. Das Kind massiert z. B. mit den Fingerspitzen seinen Kopf oder nimmt die Massagerolle, um damit z. B. die eignen Schultern zu massieren. Die übrigen Kinder machen alles sofort nach. Das geht so lange, bis das Kind die Massagerolle in die Luft hebt. Alle Kinder geben nun ihre Sachen ihrem linken Nachbarskind. Das Kind, das jetzt die Massagerolle in den Händen hält, macht auf die gleiche Weise der Gruppe vor, wie man sich durch eine Massage gut entspannen kann.

So geht es weiter, bis das Ausgangskind wieder an der Reihe ist.

Ein Regenbogen am Horizont

Material: Regenstab, Klangschale

Die Kinder sitzen im Stuhlkreis und schließen, falls sie möchten, ihre Augen. Die Spielleitung steht in der Kreismitte und lässt den Regenstabb durch leichtes Schräghalten oder Drehen erklingen. Indem die Kieselsteine durch das Rohr rieseln, entsteht ein sanftes Regengeräusch. Ist der Regen vorüber, ist am Horizont ein wunderschöner Regenbogen zu entdecken. Die Spielleitung lässt hierfür die Klangschale erklingen. Die Kinder öffnen ihre Augen, gehen vor Freude im Innenkreis herum und wechseln schließlich ihre Plätze.

Sitzen alle Kinder wieder im Stuhlkreis, lässt die Spielleitung von einer anderen Stelle aus, wie z. B. im Außenkreis oder direkt neben einem Kind im Stuhlkreis, den Regenstab erklingen. Die Kinder schließen wieder ihre Augen und warten ab, bis das Regengeräusch verklingt und am Horizont wieder ein farbenfroher Regenbogen erscheint.

Nach drei bis vier Durchgängen ist das Spiel aus.

Ein paar Minuten entspannen

Material: Stoppuhr oder Uhr mit Sekundenzeiger

Die Kinder sitzen im Stuhlkreis, schließen ihre Augen und träumen etwas vor sich hin. Nach ein bis drei Minuten, bittet die Spielleitung alle Kinder wieder ihre Augen zu öffnen.

Die Kinder ballen die Hände zu Fäusten, recken und strecken sich und stehen auf. Frisch und munter sollen sie nun der Reihe nach einschätzen, wie lange sie sich entspannt haben. Ein, zwei oder gar drei Minuten? Die Kinder geben nacheinander einen Tipp ab, bevor die Spielleitung das Rätsel auflöst.

Hinweis: Bei diesem Entspannungsangebot geht es in erster Linie darum, dass die Kinder gemeinsam üben ein bis drei Minuten still zu sitzen und dabei Ruhe und Entspannung zu genießen.

Summen und ruhig werden

Ein beliebiges Kind beginnt und summt. Es tippt sein linkes Nachbarkind, schließt seine Augen und summt einfach weiter. Das zweite Kind summt mit und tippt wiederum sein linkes Nachbarskind an.

Erst wenn alle Kinder mit geschlossenen Augen im Kreis summen, tippt die Spielleitung das Ausgangskind an, welches nun mit dem Summen aufhört und die Augen öffnet. Das Kind tippt wiederum sein linkes Nachbarskind an, welches ebenfalls zu summen aufhört. Das geht so immer weiter, bis alle Kinder ganz ruhig im Stuhlkreis beisammen sitzen und schließlich gemeinsam die Stille genießen.

Kurz darauf bittet die Spielleitung die Gruppe ihre Hände zu Fäusten zu ballen und sich ausgiebig zu recken und zu strecken. Wer möchte, steht dabei auf.

Das tut gut und entspannt!

Material: pro Kind ein Igelball, eine Massagerolle, ein Noppen-Klangball, ein Igelring oder ein Handschmeichler, Klangschale

Die Spielleitung teilt die Sachen zum Entspannen aus und lässt dann die Klangschale erklingen. Die Kinder sollen nun ca. eine halbe Minute die Sachen in aller Ruhe ausprobieren, sich entspannen und alles genießen. Erklingt die Klangschale geben die Kinder das, was sie gerade in den Händen halten, ihrem linken Nachbarkind.

Auf diese Weise geht es immer weiter, bis alle Kinder wieder ihre ursprünglichen Sachen in den Händen halten.

Danach findet ein Erfahrungsaustausch statt. Die Kinder berichten der Reihe nach, was sie als besonders angenehm und entspannend zugleich empfunden haben.

Ich schenke dir ein Licht

Material: Schwimmkerzen, große Schale halb gefüllt mit Wasser, Feuerzeug, Klangschale

Die Spielleitung platziert in der Kreismitte eine große Schale, die halb mit Wasser gefüllt ist, und dunkelt den Raum nach Möglichkeit etwas ab. Sie legt für jedes Kind eine Schwimmkerze in die Kreismitte und holt ein Feuerzeug.

Ein beliebiges Kind tritt in die Kreismitte und nimmt sich eine Schwimmkerze, die von der Spielleitung entzündet und behutsam auf die Wasseroberfläche platziert wird, sodass sie schwimmt. Dabei teilt das Kind der Gruppe mit, wem es das Licht schenkt. Das betreffende Kind bedankt sich und tauscht mit dem Kind den Platz, um sich ebenfalls eine Kerze für ein weiteres Kind auszusuchen. So geht's immer weiter.

Damit jedoch jeder weiß, wer bereits eine Kerze erhalten hat, stellen sich immer die Kinder, deren Kerze schon brennt, direkt vor ihre Stühle im Kreis auf.

Stehen alle Kinder vor den Stühlen, geben sie sich gegenseitig die Hände und gehen langsam links im Kreis herum. Erklingt die Klangschale, setzen sie sich auf die Stühle, die direkt hinter ihnen stehen. Wer mag, kann seine Augen kurz schließen, um zu überprüfen, ob es die Schale mit den Lichtern vor seinem inneren Auge sehen kann.

Erklingt erneut die Klangschale, stehen alle Kinder wieder auf und geben sich gegenseitig die Hände. Miteinander gehen sie wieder so lange links im Kreis herum, bis die Klangschale erklingt.

Den Vorgang wiederholen sie noch ein paarmal.

Ein schöner Abschlusskreis

Spiele zum Feedbackgeben und Verabschieden

Ist die Stuhlkreisspielezeit beendet, brauchen die Kinder die Möglichkeit, um sich voneinander zu verabschieden. Besonders schön ist es, wenn ihnen auch Zeit für einen kurzen Erfahrungsaustausch bleibt, sodass daraus bald ein schönes Ritual entsteht.

Ich schenk dir mein Ohr

Material: Sanduhr (1 Minute)

Die Kinder dürfen der Reihe nach kurz der Gruppe mitteilen, was ihnen heute besonders gut gefallen hat.

Ein beliebiges Kind beginnt und erhält eine Sanduhr, die es umdreht und vor seinen Stuhl auf den Boden stellt. Ist das Kind fertig, bevor der ganze Sand durchgerieselt ist, darf es die Sanduhr vorsichtig zu seinem linken Nachbarskind schieben. Das Nachbarkind ist jetzt an der Reihe und kann berichten, was ihm heute besonders gut gefallen hat. So geht es reihum weiter. Wer jedoch nichts sagen möchte, schiebt die Sanduhr gleich einen Platz nach links im Kreis herum.

Erst wenn die Sanduhr wieder direkt vor dem Ausgangskind steht, verabschiedet sich die Spielleitung von der Gruppe und wünscht allen noch einen schönen Tag.

Was meinst du dazu?

Material: Handschmeichler o. Ä.

Alle Kinder sitzen im Schneidersitz vor ihren Stühlen im Kreis. Die Spielleitung möchte von den Kindern z. B. wissen, was ihnen heute besonders gut gefallen hat. Sie geht auf irgendein Kind zu, um ihm den Handschmeichler zu geben und somit auch das Wort zu erteilen. Das Kind tritt mit dem Handschmeichler in die Kreismitte. Von dort aus, beantwortet es kurz die Frage und geht dann auf ein weiteres Kind zu. Sollte sich ein Kind nicht äußern wollen, darf es sich auf seinen Stuhl setzen und das Ausgangskind muss den Handschmeichler einem anderen Kind übergeben, das vor seinem Stuhl sitzt. Das Kind, das sich geäußert und den Handschmeichler weitergegeben hat, setzt sich ebenfalls auf seinen Stuhl.

Das Spiel ist aus, sobald alle Kinder den Handschmeichler erhalten haben und im Stuhlkreis beisammen sitzen.

Wer steht auf dem Zettel?

Material: Notizbätter und Stifte, Handtrommel

Vorbereitung: Jedes Kind schreibt auf ein Notizblatt seinen Vornamen. Die Kinder falten die Notizblätter dann einmal in der Mitte zusammen.

Zu jedem Trommelschlag, der durch die Spielleitung erfolgt, wandern die Zettel von Hand zu Hand im Uhrzeigersinn durch den Stuhlkreis. Dann hört das Trommeln auf und die Spielleitung ruft ein Kind auf. Das betreffende Kind faltet seinen Zettel auseinander und liest laut den Vornamen vor. Das genannte Kind darf sich nun, falls es möchte, kurz zum heutigen Tag äußeren. Was ist besonders schön gewesen? Wie erging es ihm heute in der Gruppe? Und was wünscht es sich für den morgigen Tag?
Danach legt es den Zettel zur Seite. Das Spiel wird nun mit einem Zettel weniger wiederholt.
Auf diese Weise finden noch drei bis vier Durchgänge statt.

Hinweis: Bei diesem Spiel kommen nicht alle Kinder zur Wort. Vielmehr entscheidet der Zufall darüber, wer sich äußern darf. Dafür jedoch bekommen die betreffenden Kinder etwas mehr Redezeit.

Was mir gefallen hat

Material: Gymnastikreifen

Die Kinder stehen vor ihren Stühlen im Kreis. Ein Kind erhält von der Spielleitung einen Gymnastikreifen. Das Kind überlegt sich, was ihm heute besonders gefallen hat. Es lässt die Kinder daran teilhaben, stellt den Reifen senkrecht auf den Boden und möchte nun von einem Kind wissen, was ihm heute so gut gefallen hat. Hierfür schubst es den Reifen so an, dass dieser direkt zu dem Kind rollt. Während nun das erste Kind sich hinsetzt, muss das zweite Kind den Reifen fangen und schließlich die Frage beantworten.
Das Spiel ist erst aus, sobald alle Kinder beisammen im Stuhlkreis sitzen und schließlich von der Spielleitung verabschiedet werden.

Abschlussnoten

Material: Tonpapier weiß, schwarzer Filzstift

Vorbereitung: Die Kinder schreiben auf jedes Tonpapier eine Zahl von 1 bis 6 auf.

Die Spielleitung legt die Zahlen in die Mitte des Stuhlkreises. Die Spielleitung bestimmt ein Kind im Stuhlkreis, das sich überlegt, wie zufrieden es mit dem heutigen Tag in der Gruppe gewesen ist. Konnte es seinen Platz in der Gruppe finden? Und wie wohl hat sich das Kind in der Gruppe gefühlt? Je nachdem, wie die Antworten ausfallen, wird der heutige Tag in der Gruppe dann von dem Kind benotet. Es geht in die Kreismitte nimmt die entsprechende Zahl und hält sie hoch. Die höchste Wertung ist die Eins und die niedrigste die Sechs. Das Kind fügt eine Begründung für seine Benotung hinzu. Sollte die Note sehr schlecht ausfallen, überlegt sich die Gruppe, was sie tun kann, damit das Kind sich in der Gruppe wieder wohl fühlt.

Dann legt das Kind die aufgeschriebene Zahl wieder auf seinen Platz zurück. Das Kind, das links neben ihm sitzt, ist als Nächster dran.

Auf diese Weise geht's immer weiter, bis die Spielleitung an der Reihe ist und auf die gleiche Art sich kurz zu der Gruppe äußert, bevor sie sich von der Gruppe schließlich verabschiedet.

Abschiedsgruß per Flüsterpost

Die Spielleitung flüstert einem Kind ein Abschiedswort, wie z. B. „Tschüss" oder „Bye bye" ins Ohr. Das betreffende Kind geht auf irgendein Kind zu, um sich von diesem auf die gleiche Art zu verabschieden. Dabei muss es dem Kind jedoch nicht das gleiche Abschiedswort ins Ohr flüstern. Während nun das Ausgangskind den Stuhlkreis verlässt, darf das zweite Kind sich ebenfalls ein Kind aussuchen, von dem es sich dann leise verabschiedet.

Das Spiel ist aus, sobald alle Kinder verabschiedet wurden und schließlich den Stuhlkreis verlassen haben.

Tschüss!

Material: Chiffontücher

Jedes Kind holt sich ein Chiffontuch und setzt sich in den Stuhlkreis. Sobald die Spielleitung das Startzeichen gibt, geht's los.

Die Kinder reichen ihre Tücher von Hand zu Hand im Uhrzeigersinn herum. Dabei sagen sie „Tschüss!", sobald sie ein Tuch ihrem linken Nachbarkind überreichen.

Die erste Spielrunde ist beendet, wenn alle Kinder wieder im Besitz ihrer Tücher sind. Die Kinder winken sich mit ihren Tüchern gegenseitig zu. Auf die gleiche Weise wiederholen sie das Spiel, jedoch gegen den Uhrzeigersinn.

Variation für Kinder ab 4 Jahren: Spielen nicht so viele Kinder mit, genügt auch ein Tuch. Das Kind mit dem Tuch kann entweder seinem linken oder rechten Nachbarkind das Tuch überreichen und sich dabei von diesem verabschieden. Es kann jedoch auch auf irgendein Kind zugehen, diesem winken und ihm dann das Tuch überreichen. Danach setzt es sich wieder auf seinen Platz.

Hörst du den Gong?

+4 3–5 min

Material: Gong

Die Spielleitung sagt zu den Kindern im Stuhlkreis:
„Erklingt der Gong im Haus,
ist die Spielzeit gleich aus!"
Die Spielleitung übergibt einem Kind den Gong, der die Schulglocke darstellt. Das Kind lässt einmal den Gong erklingen und verabschiedet sich so ebenfalls von der Gruppe. Danach übergibt es den Gong seinem linken Nachbarkind.

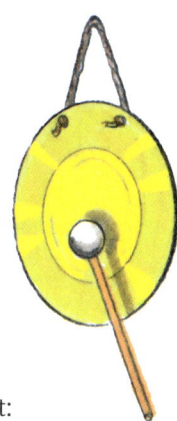

Erst wenn alle Kinder an der Reihe gewesen sind, sagt die Spielleitung laut:
„Nun ist die Spielzeit aus!
Jetzt gehen wir nach Haus'!"
Die Spielleitung verabschiedet sich von der Gruppe und wünscht allen einen guten Heimweg.

Musik zum Abschied

Material: CD-Spieler, CD mit Tanzmusik

Es wird eine gerade Anzahl an Kindern benötigt. Die Hälfte der Kinder nimmt ihre Stühle aus der Kreisbahn und stellt sie in einer Ecke des Raums ab, die andere Hälfte der Kinder setzt sich auf ihre Stühle.

Zum Rhythmus der Musik laufen die Kinder, die keinen Stuhl haben, im Uhrzeigersinn im Slalom um die Stühle im Stuhlkreis herum. Das geht so lange, bis die Spielleitung die Pausentaste des Abspielgeräts drückt. Die Kinder bleiben stehen und verabschieden sich per Handschlag von den Kindern, die grade direkt vor ihnen sitzen.

Die Paare tauschen ihre Plätze und starten eine neue Spielrunde, sobald die Musik erneut erklingt. Allerdings dürfen die Kinder nun im Slalom gegen den Uhrzeigerinn im Takt zur Melodie laufen.

Nach ein paar Durchgängen ist das Abschiedsspiel beendet.

Winke-winke

Material: 2 Softbälle in unterschiedlichen Farben

Zwei Kinder, die nicht zu nah beisammen sitzen, erhalten jeweils einen Softball, die sich farblich gut voneinander unterscheiden. Ein Softball darf lediglich gerollt und der andere geworfen werden. Die beiden Kinder schauen sich in der Runde um und verabschieden jeweils ein Kind, dem sie ihren Ball entweder zurollen oder zuwerfen und diesem dann zum Abschied winken. Die betreffenden Kinder setzten das Abschiedsspiel mit den Bällen auf die gleiche Art von ihrem Platz aus fort. Wenn alle Kinder verabschiedet wurden, ist das Spiel aus.

Variation für Kinder ab 4 Jahren: Die Kinder rollen sich einen Ball zum Abschied gegenseitig zu. Sobald alle Kinder einmal den Ball einem anderen Kind zurollen konnten, fängt eine zweite Spielrunde an, bei der sie den Ball zum Abschied links im Kreis herumreichen.

Ein Handschlag zum Abschied

Auf ein Startzeichen der Spielleitung hin verabschiedet sich ein beliebiges Kind von seinem linken Nachbarkind per Handschlag. Das betreffende Kind verabschiedet sich wiederum von seinem linken Nachbarkind per Handschlag. Das geht so immer weiter, bis das Ausgangskind ebenfalls von seinem linken Nachbarkind per Handschlag verabschiedet wurde.

Danach tauschen alle Kinder rasch ihre Plätze. Sitzen alle Kinder wieder im Stuhlkreis fängt das Ausgangskind eine neue Spielrunde an.

Nach drei bis vier Durchgängen, ist das Abschiedsspiel beendet.

Zum Abschied wünsche ich mir ... her!

Material: Handtrommel

Die Spielleitung stellt einen zusätzlichen Stuhl in den Stuhlkreis.

Alle Kinder stehen auf, geben sich gegenseitig die Hände und gehen im Takt zum Trommelspiel, das durch die Spielleitung erfolgt, links im Kreis herum.

Stoppt das Trommelspiel, setzt sich jedes Kind auf den Stuhl, der sich direkt hinter ihnen auf der Kreisbahn befindet. Das Kind, dessen Platz links neben ihm noch frei ist, sagt:

„Der Stuhl neben mir ist leer!

Zum Abschied wünsche ich mir (Vorname des Kindes) her!"

Das aufgerufene Kind darf sich nun von seinen beiden Nachbarkindern im Stuhlkreis verabschieden und sich dann auf den freien Stuhl setzen.

Nun setzt das Kind, dessen linker Platz frei geworden ist, das Abschiedsspiel fort, indem es mit dem o. g. Spruch ein weiteres Kind zu sich bittet.

Die zwei sagen „Tschüss!"

Alle Kinder sitzen im Stuhlkreis. Die Spielleitung benennt zwei Kinder die aufstehen und deren Stühle aus dem Stuhlkreis genommen werden. Die beiden gehen in die Kreismitte, verabschieden sich gegenseitig per Handschlag und sagen laut:
„Bis bald und auf Wiedersehen!
Wer bleibt in der Mitte stehen?"
Kaum ist der letzte Satz ausgesprochen, wechseln alle Kinder so schnell wie möglich ihre Plätze. Dabei versuchen auch die zwei einen freien Platz zu ergattern. Die beiden Kinder, die jetzt keinen freien Platz finden konnten, verabschieden sich in der Kreismitte gegenseitig per Handschlag und starten von dort aus eine Spielrunde.
Nach ein paar Durchgängen, sagt die Spielleitung:
„Nun ist die Spielzeit aus!
Wir gehen froh nach Haus!
Auf Wiedersehen!"

Endstation! Auf Wiedersehen!

Material: Handtrommel

Die Kinder stellen ihre Stühle in einem weitläufigen Kreis so auf, dass genügend Platz zwischen den Stühlen zum Durchgehen ist. Es wird ein Stuhl weniger aufgestellt als die Anzahl der Kinder beträgt.
Die Spielleitung hält eine Trommel in der Hand und führt die Gruppe an, die nun im Rhythmus des langsamen Trommelspiels direkt hinter ihr in einer Reihe im Slalom um die einzelnen Stühle durch den Stuhlkreis geht. Stoppt das Trommelspiel, stoppt der „Zug". Die Kinder steigen aus bzw. laufen so schnell wie möglich auseinander und setzen sich auf einen Stuhl. Das Kind, das keinen Sitzplatz findet, wird von der Gruppe verabschiedet. Die Gruppe steht auf und das Kind verlässt mit einem Stuhl den Stuhlkreis, den es dann aufstuhlt.
Während nun das Kind in Richtung Garderobe geht, starten die übrigen Kinder eine neue Spielrunde. Das Spiel ist aus, sobald alle Stühle aufgestuhlt und somit alle Kinder verabschiedet wurden.

Spieleregister